Alice Thinschmidt, Daniel Böswirth
Das Rucksackbuch für den Wald

Alice Thinschmidt, Daniel Böswirth
Das Rucksackbuch für den Wald

Mit Illustrationen von Jürgen Schremser

Verlag Perlen-Reihe

Seit 2011 wird die Perlen-Reihe umweltfreundlich aus FSC®-zertifiziertem Papier hergestellt, mit Pflanzenölfarben gedruckt und klimaneutral produziert.

FSC®, Lizenz-Nr. C012536

Klimaneutral drucken, 1136 kg Kompensation CO_2

Impressum
Band 136, 1. Auflage
© Verlag Perlen-Reihe, Wien 2014
Alle Rechte vorbehalten

Umschlagkonzept: David Wagner
Umschlagillustration: Jan Philipp Schwarz, www.schwarzmalerei.de
Illustrationen: Jürgen Schremser
Fotos: Alle Fotos von Daniel Böswirth und Alice Thinschmidt www.gartenfoto.at außer: Fotolia: S. 5 Igor Sokolov; S. 10/11 kefca; S. 14 Gerisch; S. 36/37 Smileus; S. 72 Peggy Boegner
Autorenporträt: Paula Böswirth
Lektorat: Stefanie Jaksch, Mitarbeit: Clara Schermer
Gestaltung & Satz: Danica Schlosser
Druck und Bindung: Druckerei Theiss, St. Stefan im Lavanttal
Printed in Austria
ISBN 978-3-99006-034-6

Inhaltsverzeichnis

Vorwort   8

Frühling

Das weiße Wunder: Schneeglöckchen   12
Vom Öffnen und Schließen der Blüten   14
Ein Leberblümchen wird zum Rosablümchen   18
Musik aus Zweigen: Pfeiferl schnitzen   20
Miniaturstempel aus dem Wald   25
Das Auge isst mit: Spaß mit Blüten-Broten   27
Mmmmmh, das schmeckt: Frühlings-Suppe   30
Spielspaß im Frühling   33

Sommer

Rindenboot mit Knatterantrieb   38
Von der Sonne belichtet: Fotos selbst gemacht   42
Feuerball – ohne Knall!   45
Abkupfern von der Natur: Tolle Schraffur-Bilder   48
Farben sammeln, Bilder malen   52
Vergängliche Bilder aus Sporenstaub   54
Beerenhunger? Drei einfache Rezepte!   57
Spuren lesen und ausgießen   62
Spiele für den Sommer!   64

Herbst

Blättercollagen: Laubfrosch, Fetzenfisch & Co.	70
Steinzeitfutter: Nüsse aus dem Wald	72
Propeller und andere Flugobjekte	74
Rund um die Herbstfärbung	77
Tinte und Schreibfeder – einfach selbst machen	80
Rahmen für den Herbst: Gewebte Bilder	83
Schmuckwerkstatt Natur	87
Außerirdische Kastanienwesen	89
Herbstliche Spielideen	93

Winter

Futterzapfen basteln	98
Natürliche Kerzenformen aus Silikonkautschuk	101
Rindenmasken: Die Geister alter Bäume	105
Winterlicht aus Birkenrinde	109
Schwarze Löcher und helle Galaxien	112
Forschen mit angehaltenem Atem	114
Eispaläste und Eiskekse	117
Birkenrinde und Marderhaar: Malutensilien aus dem Wald	120
So wird's warm: Winterspiele	122

Weiterführende Empfehlungen 126

Vorwort

Ein Wald spiegelt die Jahreszeiten auf wundervolle Weise wider: Auf den gleichen Wegen, wo noch im Winter der Schnee geknirscht hat, tritt man im Frühling auf weiche Erde, im Sommer auf harten Boden und im Herbst raschelt das Laub unter den Füßen.

Kinder wollen nicht bloß gehen, sie wollen etwas erleben. Dieses Buch ist eine Anleitung zum Forschen, Spielen, Kochen und kreativen Basteln und soll allen Spaß machen, nicht nur den Kindern. Lassen Sie sich von deren Neugierde und Entdeckergeist anstecken!

Uns ist aktiver Umweltschutz ein wichtiges Anliegen. Behutsamer und schonender Umgang mit der Natur steht in keinem Widerspruch zu schönen Erlebnissen draußen. Im Gegenteil: Achtsamkeit macht auch offener für Dinge, die man sonst übersehen würde.

Ein paar Punkte aus der Wald-Hausordnung:
- ✓ Nur Pflanzen nehmen, die man auch sicher kennt!
- ✓ Für Experimente braucht man oft nur ein, zwei Versuchspflanzen, bitte nur soviel benutzen wie nötig ist!
- ✓ Nichts ausgraben!
- ✓ Keine ganzen Pflanzen ausreißen! Oft reichen auch schon ein paar Teile wie Blütenblätter oder einige wenige Blätter.
- ✓ Keine Tiere stören oder mit nach Hause nehmen!
- ✓ Nichts zurücklassen! Alles kommt wieder in den Rucksack.

Alice Thinschmidt
Daniel Böswirth

PS: Vergessen Sie die Trinkflasche und ein paar Brote nicht, der Ausflug in den Wald könnte länger dauern als Sie geplant hatten. Es ist wie bei einem spannenden Spiel: Man vergisst die Zeit und ... gibt's was zu essen?

Frühling

Das weiße Wunder: Schneeglöckchen

Mit den ersten warmen Sonnenstrahlen zeigen sich auch erste Frühlingsboten. Ein besonderes Schauspiel bieten die Auwälder: Kaum ist der Schnee weggeschmolzen, wird es trotzdem wieder weiß! Abertausende Schneeglöckchen bedecken den Boden. Doch wie kommt es eigentlich zu der Farbe Weiß bei den Blüten der Schneeglöckchen? Ein einfacher Versuch hält die Lösung parat.

Quetschen und Staunen

Zupft man ein äußeres Blütenblatt ab und zerquetscht es mit den Fingernägeln, so tropft keine weiße Farbe heraus. Gegen den Himmel gehalten, kann man durch das Blütenblatt hindurchsehen – es ist farblos. Die weiße Farbe kommt nur durch die Lufteinschlüsse zwischen den Zellen zustande, die Totalreflexion des Lichts lässt die Blüten für das Auge weiß erscheinen.

Der Versuch lässt sich mit vielen weiß blühenden Blumen durchführen. Einen ähnlichen Effekt sieht man übrigens täglich beim Händewaschen: Schwach aufgedreht ist der Strahl durchsichtig, stärker aufgedreht bekommt er durch die vielen kleinen Luftbläschen seine weiße Farbe.

Sparsames Schneeglöckchen: Luft statt Farbe!

! Wie schaffen es eigentlich die Schneeglöckchen, schon so früh zu blühen, wo doch viele andere Pflanzen sich mehr Zeit lassen? Ihr Geheimnis: Sie gehören zur Gruppe der Geophyten, das sind die „Frühaufsteher" im Wald.
Während sich viele Laubknospen gemütlich öffnen, sind die Schneeglöckchen schon im Ziel und haben Samen gebildet. Möglich gemacht wird der Frühstart durch ein unterirdisches Speicherorgan, die Zwiebel. Sie bunkert über den Winter genügend Nährstoffe, die so einen Sprint ermöglichen.

Vom Öffnen und Schließen der Blüten

📅 **März / April**

Wer an einem verregneten Frühlingstag außer Haus geht, wird staunen: Die Blüten so mancher Pflanzen wie zum Beispiel Scharbockskraut oder Huflattich bleiben bei Schlechtwetter (und auch nachts) geschlossen. Huflattich kommt im Wald häufig auf Kahlschlägen oder Böschungen entlang von Wegen vor, Scharbockskraut findet man im Wald oft unter Gebüschen und an Laubwaldrändern. Ein einfacher Versuch zeigt, was hinter dem Öffnen und Schließen der Blüten steckt.

Huflattich

Was man braucht
- ✓ 2 größere Gläser (z.B. Marmeladegläser)
- ✓ Eiswürfel
- ✓ 2 kleine Gefäße für die Blüten (Trinkgläser oder ähnliches)
- ✓ Eiskasten
- ✓ Blüten von Scharbockskraut, Huflattich, Gänseblümchen, Tulpen
- ✓ eventuell 2 Thermometer

Scharbockskraut

Und so wird's gemacht

Für den Versuch gibt man zwei Testblumen der gleichen Art in ein kleines Trinkgefäß – etwa ein Schnapsglas –, füllt es mit Wasser und stellt sie über Nacht in den Kühlschrank. Die Blüten schließen sich wie erwartet. Am nächsten Morgen nimmt man beide Blüten heraus und stellt sie je in ein Marmeladeglas. In eines gibt man etwas warmes Wasser, in das andere kommen ein paar Eiswürfel. Schon bald öffnet sich die Blüte im warmen Glas, während die andere im kühlen Glas geschlossen bleibt.

Die höhere Temperatur regt das sogenannte Streckenwachstum der inneren Blütenblattzellen an, die Blüte biegt sich daher nach außen und öffnet sich. Genau der umgekehrte Fall tritt ein, wenn es Nacht wird oder man die Blüte wieder in den Eiskasten stellt. Bewegungen, bei denen die Richtung des einwirkenden Reizes keine Rolle spielt, nennt man Nastien. In unserem Fall spricht man von Thermonastie.

> **! Bewegung ist Wachstum, Wachstum ist Bewegung**
> In logischer Konsequenz müssen die Blüten, da sie kein Scharnier haben und sich nur durch Streckenwachstum öffnen und schließen können, immer länger werden. Wer sich die Mühe machen will, kann nachmessen und vergleichen: Abgewelkte Blütenblätter sind durch wiederholtes Öffnen und Schließen länger geworden.

Die Blüte im warmen Glas hat sich geöffnet, die andere im kalten Glas bleibt geschlossen.

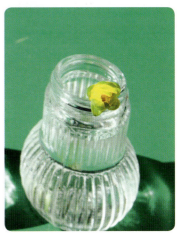

Ein Leberblümchen wird zum Rosablümchen

 März / April

Ein sonniger Frühlingstag ist die beste Zeit sich nach den Zutaten für dieses spannende Experiment umzusehen. Die blauen Leberblümchen wachsen schon im zeitigen Frühjahr im Wald. Vielleicht kennen Sie auch schon eine Stelle, wo es einen Ameisenhügel gibt? Wenn nicht, heißt es, sich auf die Suche zu begeben. Hat man einen erspäht, kann es losgehen!

Hübscher Frühjahrsblüher: das Leberblümchen

Und so wird's gemacht

Bei näherem Betrachten des Treibens im Haufen fallen schwarze Löcher auf: die Eingänge. Die Wächter des Baus haben die Aufgabe keinem Fremden Einlass zu gewähren. Ein mehrmaliges, kurzes Hintupfen mit dem Leberblümchen wird als Angriff gewertet. Nach dem Motto „Angriff ist die beste Verteidigung" spritzen vor allem die Wächter den Eindringlingen Ameisensäure entgegen. Ein vorsichtiges Schnuppern an der Blume erbringt den Beweis: Der stechende Geruch von Ameisensäure ist deutlich wahrzunehmen. Bald zeigen sich erste rosa Punkte auf den Blütenblättern; nach und nach färbt sich die Blüte ganz um.

Ameisensäure färbt die Blüte um.

! Der Anthocyan-Farbstoff Cyanidin in den Blüten der Leberblümchen reagiert auf den pH-Wert der Ameisensäure wie Lackmus (ein Säure-Base-Indikator): Er verändert die Farbe von blau nach rosa.
Der sogannte „Farbumschlag" kann auch zu Hause mit gewöhnlichem Haushaltsessig durchgeführt werden. Einige Tropfen von Geschirrspülmittel oder Waschpulver mit Leitungswasser vermengt und auf die Blüte getropft – und schon wechseln die untergetauchten Blüten ihre Farbe zurück von rosa auf blau. Der Versuch funktioniert übrigens auch mit anderen blaublütigen Waldpflanzen wie Steinsame, Frühlingsplatterbse, Vergissmeinnicht oder Lungenkraut.

Musik aus Zweigen: Pfeiferln und Flöten schnitzen

📅 April

Ein wunderbarer Zeitvertreib unterwegs ist das Pfeiferlschnitzen. Die Pfeiferlsaison ist jedoch kurz. Die beste Zeit, sich eine Flöte zu schnitzen, startet, wenn die Bäume auszutreiben beginnen und „im Saft" stehen. Das macht es möglich, ihre Rinde leicht vom Holz zu lösen. Ende Mai ist wieder Schluss, die Rinde sitzt dann bereits fest und somit lässt sich den Zweigen kein Ton mehr entlocken.

Das braucht man unterwegs
- ✓ scharfes Taschenmesser mit flachem Griff
- ✓ evtl. Gartenschere (für glatte Schnitte sehr hilfreich)

Das beste Material liefert traditionell die Weide. Aber auch Esche, Haselnuss oder Kastanie haben glatte Rinden und gerade gewachsene Zweige und wurden von uns schon in Flöten verwandelt.

Und so wird's gemacht

Für ein Pfeiferl braucht es einen etwa fingerdicken Ast, der an einem Ende ein mindestens 10, besser 15 cm langes, gerades Stück ohne Seitenverzweigungen aufweist. Die Rinde muss ganz intakt sein, ohne Risse oder Löcher.

Ein Ringelschnitt durchtrennt die Rinde am unteren Rand des zukünftigen Pfeiferls. Um einen Ton erzeugen zu können, wird eine Kerbe eingeschnitten, etwa zwei Fingerbreit vom oberen Ende entfernt.

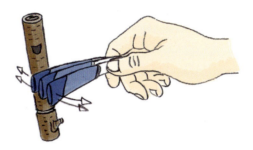

Nun heißt es klopfen. Weich gefedert auf dem Oberschenkel wird das Aststück mit dem flachen Griff des Messers bearbeitet; nicht zu sanft, aber auch nicht zu grob. Die Rinde muss unversehrt bleiben.

Nach 5 bis 10 Minuten Klopfen lässt sich die Rinde als ganzes Röhrchen vom Holzkern abziehen, wobei man sie anfangs durch vorsichtige Drehbewegungen lockert. Dabei ist ein wenig Fingerspitzengefühl vonnöten.

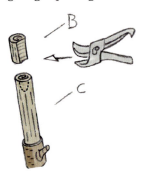

Der verbliebene Holzkern wird nun mit einem sauberen, glatten Schnitt um genau die zwei Fingerbreit gekürzt, die dem Abstand vom Rand zur bereits eingeschnittenen Kerbe entsprechen. Das abgeschnittene kleine Holzstück muss an einer Stelle mit dem Messer etwas abgeflacht werden.

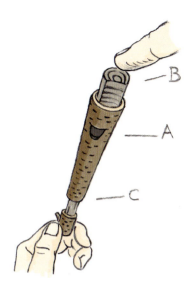

Dieses nun nicht mehr ganz runde kleine Holzstück lässt später Luft beim Reinblasen durch, es wird wieder zurück in die Rindenröhre gesteckt und ist nun das Mundstück der Flöte.

Der Rest des Holzkerns verschließt das andere Ende der Rindenröhre luftdicht. Weiter hineingeschoben ergibt sich ein höherer Ton, hier kann man ein bisschen experimentieren. Fertig ist das Pfeiferl mit dem erstaunlich klaren, schönen Klang. Unterschiedliche Längen und Durchmesser ergeben verschieden hohe Töne. Je länger das Pfeiferl, desto tiefer wird der Ton!

Pfeiferl aus Rosskastanie: klingt gut!

☝ Falls das Pfeiferl nicht gleich beim ersten Mal perfekt wird, nicht verzagen: Auch hier macht ein bisschen Übung den Meister. Nehmen Sie sich einfach ein paar Zweige vom Spaziergang mit nach Hause. In Wasser eingelegt kann man sie auch am Abend noch in Flöten verwandeln.

Am besten geht's aber draußen, frisch vom Baum oder Strauch geschnitten. Nach ein paar Versuchen dauert es nur noch ein paar Minuten, und das Pfeiferl ist fertig.

Miniaturstempel aus dem Wald

🗓 **Februar / März**

Von weitem scheinen sich alle Knospen ähnlich zu sein: Man sieht braune, kleine Knöpfe oder Spitzen. Deutliche Unterschiede zwischen verschiedenen Baumarten werden sichtbar, wenn man die Knospen beim Drucken auf Papier als natürliche Stempel verwendet. Es entstehen zauberhafte Muster und die Schönheit der Natur zeigt sich schon in den kleinsten Strukturen!

Das braucht man unterwegs
- ✓ unterschiedliche Zweige von Waldbäumen mit Knospen
- ✓ Wasserfarbe und Pinsel oder Stempelkissen
- ✓ Papier
- ✓ scharfes Messer

Und so wird's gemacht

Vom Spätwinter bis ins zeitige Frühjahr beginnen die Knospen anzuschwellen. Das ist auch die beste Zeit für die „Stempelernte". Die Knospen werden mit einem scharfen Messer etwa in der Mitte – dort, wo sie am dicksten sind – quer durchgeschnitten. Die angeschnittene Knospe kann mit bunter Wasserfarbe bepinselt, oder einfach in ein Stempelkissen gedrückt und dann auf Papier gedruckt werden.

Überraschend schöne Symmetrie: Knospendruck

Durch mehrmaligen Druck verliert die Einzelknospe mit der Zeit ihre kompakte Form, daher sollte von Zeit zu Zeit eine neue Knospe angeschnitten werden. Mit der Farbe am besten behutsam umgehen: Bei zuviel davon verschwimmen die schönen Konturen und Linien, bei zu wenig fällt der Druck zu blass aus. Sollen ornamental anmutende Muster entstehen, so hilft ein Zirkel, der dünne Hilfslinien zeichnet, um die hübsch herum gestempelt werden kann. Die Linien werden am Schluss wieder wegradiert.

Besonders gut für den Druck mit Knospen eignen sich Baumarten, die schöne große Endknospen an den Zweigspitzen ausbilden: Eiche, Esche, Ahorn, Linde. Doch oft haben auch unscheinbare, kleine Knospen ein interessantes Stempelmuster.

> **!** In den winzigen Knospen der Bäume ist vom Spross über die Blätter bis hin zu den Blütenblättern bereits alles angelegt. Wer mag, nimmt z. B. ein paar Zweige der Rosskastanie mit nach Hause und stellt sie im warmen Wohnzimmer ins Wasser. So lässt sich die Entfaltung der Knospe von Tag zu Tag miterleben!

Mit den Augen essen: Spaß mit Blüten-Broten

 April / Mai

Im Wald mit seinen Säumen, Lichtungen und kleinen Wiesen wachsen erstaunlich viele Blüten, die man verspeisen kann – vor allem im Frühling. Jedes Jahr eine Augenweide – und ein Schmaus dazu: Kunterbunt schmeckt's noch besser.

Das braucht man unterwegs
- ✓ Brot, Butter oder Aufstrich
- ✓ Messer zum Streichen
- ✓ Gefäß oder Sack zum Blüten sammeln

Blüten, die man essen kann
Primel
Duft-Veilchen
Taubnessel
Gänseblümchen

Und so wird's gemacht

Statt die gesammelten Blüten mit nach Hause zu nehmen, kann man sie auf einem Brot auch gleich unterwegs essen. Da sind sie außerdem am knackigsten. Wie schön wird ein ganz simples Butterbrot oder Aufstrichbrot, wenn bunte Blumen darüber gestreut sind! Wild durcheinander oder schön geordnet, jeder Brotstreifen eine andere Farbe ... oder doch lieber ein Muster, ein Name, eine Blume aus Blumen?

Alles essbar! Mahlzeit!

Aber auch auf einem Salat sehen Blumen gut aus. Da man auch die Blätter der hier beschriebenen Blüten essen kann, bekommt der grüne Salat also gleich ein wenig Verstärkung und eine neue Geschmacksnote. Im Frühling schmecken Blätter von Primeln, Veilchen, Gänseblümchen oder Taubnesseln zart und gut. Wer auf einer Wiese auch Löwenzahnblätter findet, kann diese gleich dazumischen, das gibt eine leicht bittere Note.

Die Augen essen mit. Farbe in den Salat!

! Sie sollten die Pflanzen, die Sie essen, sicher erkennen. Diese Regel gilt besonders auch für Kinder! Bei den vorgestellten Blüten gibt es keine Verwechslungsmöglichkeit mit giftigen Pflanzen.
Pflücken Sie nur soviel Blüten oder Blätter, wie Sie wirklich brauchen. Es ist nicht nötig, die ganzen Pflanzen mitzunehmen.

Mmmmmh, das schmeckt: Frühlings-Suppe

📅 **April / Mai**

Der Wald geht über vor lauter Zutaten für leckere Rezepte. Die unserer Meinung nach beste Suppe, die sich aus den vielen Kräutern des Frühlingswaldes zubereiten lässt, ist die Brennnesselsuppe. Kein Wunder, dass die schmackhafte Brennnessel vielen Tieren, wie z.B. Raupen, als Nahrung dient. Hier kommt ein Rezept, das ganz einfach nachgekocht werden kann.

Das braucht man unterwegs
- ✓ Handschuhe zum Ernten
- ✓ Gefäß oder Beutel zum Mitnehmen der gesammelten Blätter und Triebe

Das braucht man für das Rezept
- ✓ 3/4 l Rindssuppe
- ✓ 3/8 l Milch
- ✓ 2 EL Butter
- ✓ 2 EL Mehl
- ✓ 1 kleine Zwiebel
- ✓ 1 Eigelb
- ✓ Salz, Pfeffer
- ✓ Sauerrahm nach Bedarf

Jeder kennt sie, wer kostet sie? Brennnessel gibt eine herrliche Suppe.

So wird's gemacht
- Die gut gewaschenen jungen Brennnesselblätter werden mit der heißen Suppe übergossen und zehn Minuten gekocht, dann abgeseiht. Den Kochsud aufheben, die Blätter mit der Küchenmaschine pürieren.
- Zwiebel klein hacken, in Butter andünsten, das Mehl dazugeben, etwas anschwitzen und dann mit der kalten Milch aufgießen, glattrühren. Hinzu kommt der beiseite gestellte Brennnesselkochsud, das Ganze soll nun 15 Minuten kochen.
- Dann die pürierten Blätter hinzugeben und noch einmal aufkochen. Danach mit Salz und Pfeffer abschmecken und den Topf vom Herd nehmen.
- Das Eigelb wird mit wenig Milch versprudelt und die Suppe damit legiert – nicht mehr aufkochen und heiß servieren! Feinschmecker verteilen noch je einen Tupfer Sauerrahm auf die Teller, auch geröstete Brotwürfel passen gut dazu.

! Brennnessel kennt jedes kleine Kind. Man findet sie oft auf gut gedüngten Böden an Bächen und Flüssen. Dass man sie auch essen kann, ist schon weniger bekannt.
Sie brennt beim Essen garantiert nicht auf der Zunge, beim Ernten kann es jedoch schmerzhaft werden. Deshalb stets Handschuhe benutzen! Geerntet werden die ersten 20 cm langen Triebe oder später nur mehr die obersten, jüngsten Blätter.

Spielspaß im Frühling!

Natur-Memory

Bei einer Rast im Wald lässt sich dieses Spiel überall und jederzeit spielen. Allerdings ist es in unserer Version weniger ein Merk- als ein Suchspiel. Das wird manche Erwachsenen freuen, denn beim Memory gewinnt ja meist der Nachwuchs.

Statt Kärtchen suchen alle Teilnehmer zehn oder auch mehr Dinge wie Schneckenhäuser, Rindenstücke, besondere Steine, Zapfen und ähnliches. Die anderen Spieler sollen ein möglichst identisches zweites Stück davon finden.

Es macht auch Spaß, in zwei Gruppen gegeneinander anzutreten: Die gesammelten Objekte werden den Anderen vorgelegt und dann geht's um die Wette. Wer zuerst alles zusammengetragen hat, hat gewonnen.

Geräuschekarte

Gerade im Frühling gibt es viel zu lauschen! Die Vögel singen jetzt um die Wette. Alle Mitspieler suchen sich einen Platz etwas abseits, ganz für sich alleine, und machen es sich bequem. Die Augen zu schließen hilft sehr dabei, sich auf Geräusche, Gezwitscher oder auch nur einen leisen Windhauch einzulassen.

Auf einem Blatt Papier kann man das Gehörte als akustische Landkarte notieren: In der Mitte symbolisiert ein Kreuz den eigenen Standort. Rundum werden in der richtigen Richtung das Rascheln, Rauschen oder auch das Summen der Hummel, die vorbeigeflogen ist, in passender Weise festgehalten: in Worten aufschreiben, den erlauschten Vogel aufzeichnen, eine Wellenlinie für den Hummelflug. Wenn alle in die gleiche Richtung sehen, kann man die Karten anschließend auch vergleichen. Wer hat was gehört? Wie hast du den Wind gemalt? War da nicht ein Flugzeug ganz hoch oben?

Duftsammlung

Verschließbare Behälter in verschiedenen Größen sind ideal, um eine kleine, feine Gerüche-Kollektion zusammenzutragen. Alle schwärmen aus und suchen Dinge, die besonders riechen: frische Erde, zerriebene Blätter, ein vermoderndes Aststück, eine duftende Blüte, grünes Moos. Wieder zusammengekommen werden die Düfte verglichen, aber nur mit der Nase! Wer errät mit geschlossenen Augen, was in der Dose ist? Und wer findet den Geruch im Wald wieder?

Rindenboot mit Knatterantrieb

📅 **Juni bis September**

Rindenboote schnitzen ist ein schöner Zeitvertreib. Große und kleine Hobby-Kapitäne finden hier eine Bastelanleitung für ein tolles Rindenboot. In Kombination mit dem Puff-Paff-Motor kommt noch eine spielerische Komponente dazu: ein unverwüstlicher Lowtech-Motor, der, wie es sich gehört, so richtig knattert.

Das braucht man unterwegs
- ✓ mind. 2 cm dickes Rindenstück (am besten von der Schwarzkiefer)
- ✓ Taschenmesser
- ✓ evtl. Hohleisen (Schnitzwerkzeug)
- ✓ evtl. Schleifpapier der Körnung 200 bis 400
- ✓ Handbohrer
- ✓ kleiner Pulsarmotor, auch Knattermotor oder Puff-Paff-Motor genannt
- ✓ kleine Kerze
- ✓ evtl. Papier für Segel
- ✓ Schere
- ✓ feine Pipette zum Befüllen des Motors mit Wasser

☝ Dicke Borkenstücke, wie man sie im Wald am Boden von alten Schwarzkiefern findet, sind aufgrund ihrer Stärke ideal für den Schiffsrumpf. Besonders leicht lösen sich Borkenstücke bei bereits umgefallenen oder gefällten Bäumen, aus der Rinde lebender Bäume darf man natürlich nichts herausschneiden.

Und so wird's gemacht

Ein Hohleisen eignet sich gut zum Aushöhlen des Rindenbootes.

Schiffskörper

Mit einem scharfen Taschenmesser schnitzt man zunächst den Rumpf des Bootes aus dem Rindenstück. Der hintere Bootsteil sollte gerade abgeschnitten werden, damit später die beiden Antriebsdüsen richtig eingebaut werden können. Der Innenteil des Bootsrumpfes lässt sich am elegantesten mit einem Hohleisen herausschnitzen, doch es geht auch, Geduld und Geschick vorausgesetzt, mit einem Messer. Ein feines Schleifpapier verpasst dem Bootsrumpf den letzten Schliff und rundet die Ecken ab.

Segel und Motor

Ein gerader Zweig wird der Mast, auf den entweder ein großes Blatt oder ein Stück Papier als Segel gehisst wird. Mit einem Handbohrer werden nun drei Löcher in den Rumpf gebohrt. Eines für den Mast in der Mitte des Bootes, die zwei anderen im Heck. Diese beiden Löcher sollten schräg nach unten genau im Abstand der beiden Düsen des Pulsarmotors gebohrt werden. Schiebt man den Motor mit den Antriebsdüsen dann hinein, müssen sie beim ins Wasser gesetzten Boot untergetaucht sein. Unter den flachen Verdampfer sollte bequem ein abgezwicktes Stückchen Kerze passen.

Je nach Bootsgröße: Kleiner und großer Pulsarmotor.

Die Kerze selbst wird am besten mit ein paar Tropfen heißem Wachs am Schiff direkt unter dem Verdampfer fixiert. Da die röhrchenförmigen Antriebsdüsen einen sehr kleinen Durchmesser haben, braucht man zum Befüllen mit Wasser eine Pipette: das Boot senkrecht mit dem Bug nach unten stellen und die Röhren anfüllen, bis beide überquellen. Danach setzt man das Boot schnell in den Teich und zündet die Kerze an. Schiff ahoi!

Rindenboot, bereit in See zu stechen.

Von der Sonne belichtet: Tolle Bilder selbst gemacht!

📅 **Juni bis September**

Umrisse, Figuren, Muster: Im Wald gibt es einen nahezu unerschöpflichen Formenreichtum. Man braucht nur ein paar Blätter zu pflücken und genauer zu betrachten: Sie sind kreisrund, herzförmig oder oval und spitz länglich, ihre Ränder sind gekerbt, gebuchtet, gezackt oder gewellt. Jede Art hat ihre typischen Merkmale. Mit einem Fotogramm kann man all die tollen Formen ganz einfach auf Papier ablichten.

Das braucht man unterwegs
- ✓ Solarpapier
- ✓ feste Unterlage
- ✓ ausreichend Wasser in Flaschen

Mit einem Solarpapier wird der Wald zum Fotolabor.

Das im Handel erhältliche Solarpapier ist im Freien einfach zu handhaben. Es lässt sich ohne Probleme im Rucksack mitnehmen. Alles, was man zum Ablichten braucht, ist ausreichend Sonne und viel Wasser – Nachschub aus einem Teich oder einer Quelle ist also ratsam. So muss man das Wasser nicht im Rucksack mitschleppen, sondern kann es vor Ort abfüllen.

☝ Besonderes Augenmerk sollte man beim Sammeln für Fotogramme auf die Umrisse legen. Ganzrandige Blätter wie jene der Rotbuche oder runde Steine wirken im Schattenriss weit weniger gut als solche mit interessanten Rändern wie z.B. Eichenblätter oder etwa bizarr geformte Rindenstücke.

Und so wird's gemacht

Auf einer geraden Unterlage wird rasch ein Bogen Solarpapier aus der schwarzen Schutzfolie gezogen und die abzulichtenden Gegenstände werden schnell darauf gelegt. Um scharfe Konturen zu erhalten ist es wichtig, dass die Objekte plan auf dem Papier aufliegen. Am besten beschwert man Blätter oder ähnlich leichte Dinge mit kleinen Steinchen.

Das Papier wird etwa drei bis fünf Minuten in der Sonne belichtet und dann unter fließendem Wasser an einem schattigen Platz entwickelt. Dazu gießt man langsam mehrere Literflaschen mit frischem Wasser über die Bildchen. Nach zwei bis drei Minuten, wenn keine blaue Farbe mehr abfließt, ist das Fotogramm fertig. Das Ganze geht natürlich auch zu Hause: Die im Wald gesammelten Blätter können mit einer Glasplatte beschwert werden, Fließwasser gibt es aus der Wasserleitung.

Aus einem aufgelegten, ausgeschnittenen Katzenkopf aus Papier und einem Blatt entstand dieses Bild auf Solarpapier.

Feuerball ohne Knall

 Juli

Der Wald steckt voller Überraschungen. Die Sporen des Bärlapp waren zum Beispiel schon immer begehrt bei Alchemisten, Magiern, Zauberern und Gauklern. Bärlapp ist allerdings heute selten zu finden, die Pflanze steht unter Naturschutz: Die Sporen sind in der Apotheke oder in Zauberfachgeschäften unter dem lateinischen Namen Lycopodium erhältlich. Als Alternative können die Sporen des häufig vorkommenden Wurmfarns gesammelt werden.

Gelbe Bärlappsporen gibt's in der Apotheke, die braunen Farnsporen kann man selbst sammeln.

Farnsporen auf Reife prüfen

Im Frühsommer, noch bevor die Sporenbehälter aufplatzen und alles Pulver zu Boden fällt, müssen die Farnwedel abgeschnitten werden. Durch Reiben an der Blattunterseite lässt sich einfach feststellen, ob geerntet werden kann: Färben sich die Hände leicht braun, so sind die Sporenbehälter reif. Die Farnwedel werden an einem trockenen, windstillen Ort mit der Unterseite nach unten auf ein Zeitungspapier gelegt. Nach etwa einer Woche sind die meisten Sporen ausgefallen. Durch das Zusammenklappen der Zeitung sammeln sich alle Sporen in der Mitte und können leicht in ein Fläschchen oder eine Dose gefüllt werden.

Das braucht man unterwegs
- ✓ Getrocknete Bärlapp- oder Farnsporen
- ✓ Feuerzeug
- ✓ Trinkhalm

Und so wird's gemacht

Am besten nimmt man mit dem Ende eines Trinkhalms etwa eine Messerspitze voll Bärlapp- oder Farnsporen auf und setzt erst jetzt den Halm zum Mund. Ein kurzer Puster genügt, um die Sporen gleichmäßig über der Feuerzeugflamme zu verteilen. Was dann folgt, ist eine gewaltige Stichflamme: Blitzartig brennt das feine Pulver ab. **Der Versuch darf nur dort gemacht werden, wo keine Brandgefahr besteht!**

Natürlich gewachsenes Blitzpulver aus dem Wald.

! Dass Sporen derart explosionsartig verbrennen, liegt an ihrer Kleinheit. Sie sind nur wenige Tausendstel Millimeter groß, in Summe haben die Hunderttausenden Sporen aber eine riesige Oberfläche und entzünden sich nahezu zeitgleich.

Jede abbrennende Spore zündet alle anderen in ihrer Umgebung an, die das Feuer ihrerseits weiterleiten: eine Kettenreaktion. Ein imposanter, heller Blitz entsteht. Bärlapppulver wurde in den Anfängen der Fotografie tatsächlich für Blitze eingesetzt.

Abkupfern von der Natur: Tolle Schraffur-Bilder!

🗓 **Juni bis September**

Jeder Baum hat ein eigenes Gesicht, seinen typischen Charakter. Stämme, Rinde, Knospen: An vielen Details können die einzelnen Baumarten unterschieden werden. Am einfachsten eignen sich dafür jedoch ihre Blätter. Eine spielerische Form, den Blätterschönheiten näher zu kommen, basiert auf der Frottagetechnik.

Das braucht man unterwegs
- ✓ Papier mit unterschiedlichen Stärken bis 200g/m
- ✓ Buntstifte, Rötelkreiden, Pastellstifte, Aquafix-Stifte
- ✓ feste Unterlage
- ✓ evtl. Wasser und Pinsel

Strich für Strich zeichnen sich die feinen Strukturen des Blattes ab.

Mit folgenden Pflanzen haben wir gute Erfahrungen gemacht:
- → Ahorn
- → Eiche
- → Pappel
- → Haselnuss
- → Linde
- → Breitwegerich, Spitzwegerich
- → Schneeball
- → Rosskastanie
- → Salweide

Und so wird's gemacht

Besonders geeignet sind mittelgroße Blätter mit deutlich sichtbaren Blattrippen wie Eiche, Schneeball, Haselnuss, Ahorn oder Rosskastanie. Wichtig dabei ist, dass die Blätter verkehrt herum liegen und die Blattrippen nach oben zeigen. Jetzt kann man das gewünschte Zeichenpapier darüberlegen. Es sollte weder zu dünn noch zu dick sein, am besten experimentiert man selbst mit verschiedenen Papierstärken.

Wenn man nun flach mit dem Buntstift über das Papier schraffiert, zeichnet sich das Blatt detailgenau ab. Besonders schön werden Rubbelbilder mit Aquafix-Stiften, die nichts anderes als wasserlösliche Buntstifte sind.

Zunächst werden die Blätter mit der Frottagetechnik abgekupfert. Danach hat man die Möglichkeit, noch im Wald oder später zu Hause mit Pinsel und Wasser die Striche verschwimmen zu lassen. Auf diese Weise gepauste und verwässerte Zeichnungen verlieren die harten Konturen und sehen Aquarellen sehr ähnlich. Hier lohnt es sich auch, auf Aquarellpapier zu pausen. Es nimmt wesentlich mehr Wasser auf als gewöhnliches Papier, dadurch verschwimmen Striche und Konturen noch mehr.

> ☝ Viele Baumarten haben eine interessante Borke. Geeignet sind besonders Kirsche, Eiche, Birke, Pappeln oder ähnliche Rinden mit besonderer Oberfläche. Rubbelt man mit einem Buntstift über ein aufgelegtes Blatt Papier, so treten erhabene Stellen deutlich hervor, während Vertiefungen nicht aufs Papier übertragen werden. Das Bild zeigt somit die einzigartige Struktur dieses Stammstückes – individuell wie ein Fingerabdruck.

Druckwerkstatt im Wald
Für selbstgemachte Drucke braucht es nicht viel, und die Technik ist einfach: Statt einer geschnitzten Vorlage wie beim bekannten Linoldruck werden die beim Spaziergang gefundenen Blätter direkt verwendet.

Das braucht man unterwegs oder zu Hause
- ✓ kleine Walze
- ✓ feste Unterlage
- ✓ eine glatte Platte z.B. aus Plexiglas oder Glas
- ✓ Linolfarbe, verschiedene Farbtöne
- ✓ Papier
- ✓ Wasser (zum Reinigen der Utensilien)

Mit Blättern auf Papier drucken!

Zuerst wird etwas Linolfarbe aus der Tube auf eine glatte Platte gedrückt und durch Hin- und Herrollen gleichmäßig auf der Walze verteilt. Nun legt man das grüne Blatt mit den Blattnerven nach oben auf eine feste, ebene Unterlage und rollt ein-, zweimal mit der Farbwalze über seine Unterseite. Die Farbe bleibt bei allen Erhebungen und somit am schönen Nervennetz hängen – das Blatt ist fertig für den Druck. Mit der Farbseite nach unten werden die Blätter nun auf das Papier gelegt. Um die Farbe gut zu übertragen, hilft sanftes Reiben oder flächiges Drücken. Schließlich die Blätter vorsichtig abheben – und fertig ist das eigene Kunstwerk.

Farben sammeln, Bilder malen

 **Juni bis August**

Der Wald ist ständig im Wandel. Waren die Blätter im Frühling noch hellgrün, so haben sie nun eine satt grüne Farbe angenommen. Jeder Baum und jeder Strauch scheint dabei sogar noch seine eigene Note zu haben. Grün ist eben nicht gleich Grün!

Das braucht man unterwegs
- ✓ gesammelte Blätter, Blüten, Rinden in verschiedenen Farben
- ✓ Papier
- ✓ doppelseitiges Klebeband
- ✓ evtl. feste Unterlagen

Und so wird's gemacht

Entlang eines Weges oder bei einer Rast wird der Wald zur Malerwerkstatt: Alle suchen nach Farben und tragen sie zusammen, Blätter von Bäumen in allen Schattierungen, Moos, Gras oder auch Blüten. Lässt sich damit eine Reihe legen, mit sanften Übergängen von gelbgrün bis zu dunkelgrün? Und wie viel Brauntöne gibt es eigentlich? Ist alles da von beige bis fast schwarz?

Das Ganze wird zum Suchspiel, wenn vorher festgelegte Farben gefunden werden sollen. Weiß-gelb-orange-rot-rosa-lila-blau-grün-braun-schwarz: Hat der Wald die ganze Palette auf Lager oder gibt es manche Farben gar nicht? Das Anordnen der Farbmuster, zum Beispiel auf einem weißen Papier ist eine sinnliche Spielerei: Mal entsteht daraus ein Regenbogen, mal werden es einzelne Farbtupfen wie auf einer alten Malerpalette. Ist das ein Lila, oder schon ein Blau? Und wo ist genau die Grenze zwischen Weiß und Gelb? Vor allem bei Mischfarben zeigt sich: Wahrnehmung ist subjektiv.

> ☞ Eine schöne Variante: Jeder erhält ein Papier und ein wenig doppelseitiges Klebeband. Darauf lassen sich die gesammelten Blüten und Blätter fixieren und das Papier wird zur Malerpalette.

Geht's ans Malen selbst, so erlebt man manchmal Überraschungen. Reibt man die Blätter und Blüten und zerquetscht sie dabei etwas, so kann man direkt Farbe aufs Papier bringen. Da geht's nicht so sehr um ein perfektes Bild, sondern ums Ausprobieren, Experimentieren und oft auch nur ums Staunen. Denn manche zaubern einen ganz anderen Strich aufs Papier als man vermuten würde. Sammelt man mehrere dieser Farbbilder oder hält sie auf Fotos fest und vergleicht sie später einmal, so sieht man, dass jede Zeit im Jahr ihre typischen Farben hat.

Vergängliche Bilder aus Sporenstaub

 Juli / August

Aus Farnen lassen sich geheimnisvolle Abdrucke und fantastische Bilder kreieren. Mit wenigen Utensilien und ein klein wenig Geduld entstehen schöne Bilder!

Damit die Bilder gut gelingen gilt es, die Farne zum richtigen Zeitpunkt zu ernten. Reibt man die Farnwedel zwischen den Fingern und es bleibt braunes Pulver zurück, sind die ersten Sporen reif – perfekt für den Einsatz auf Papier! Wird doch etwas zu früh gesammelt, lässt man die Sporen bei Zimmertemperatur und Trockenheit noch ein paar Tage nachreifen.

Das braucht man zu Hause
✓ Schüssel, Käseglocke oder Glas (zum Abdecken gegen Luftzug)
✓ Papier
✓ Pilze oder Farnwedel
✓ evtl. Pinzette

 Geeignet für Sporenbilder sind all jene Farnarten, die ungiftig sind, schöne, flache Wedel mit einer interessanten Anordnung ihrer Sporenkapseln haben und beim Trocknen nicht allzu sehr schrumpfen, wie zum Beispiel:
  → Wurmfarn
  → Hirschzunge
  → Pfauenradfarn

Und so wird's gemacht

Die abgeschnittenen Wedel legt man mit der Unterseite auf ein weißes Blatt Papier an einen ruhigen Ort. Auch lassen sich aus einzelnen, abgeschnittenen Fiederblättchen Muster oder ganze Landschaften legen.

Während der Sporenreife, wenn die Kapseln aufplatzen, dürfen die Sporenbilder nicht bewegt werden. Jeder Luftzug, jede Erschütterung würde das filigrane Kunstwerk verwehen oder zerstören. Am besten stülpt man eine große Schüssel oder Käseglocke über das Papier. Bei kleineren Bildern reicht auch ein Glas.

Stern aus einzelnen Fiederblättchen des Wurmfarns.

Nach etwa zwei bis drei Tagen haben sich die Sporenkapseln geöffnet. Nun hebt man den Wedel mit äußerster Vorsicht in die Höhe, um das fein gestreute Sporenbild nicht zu verwischen. Eine Pinzette ist dabei sehr nützlich. Mit Farnsporen lässt sich aber auch noch einiges mehr anstellen (siehe Seite 45ff). Damit sich die Bilder länger halten, können die Sporen mit Haarspray fixiert werden.

Variation: Mit Pilzen Muster zaubern

Fallen die Sporen heraus und hebt man den Blätterpilz nach etwa zwei Tagen hoch, sieht man dieses hübsche Muster.

Etwas einfacher als mit Farnwedeln lassen sich Sporenbilder mit Pilzhüten fabrizieren. Dabei wird der Hut vom Stängel abgeschnitten und verkehrt herum auf ein weißes Blatt Papier gelegt. Unter einem darüber gestülpten Glas bilden sich gegen jeden Luftzug geschützt die Sporen aus, die zwischen den Lamellen herausrieseln. Blätterpilze wie der Champignon oder Parasol zaubern wunderschöne strahlenförmige Muster auf das Papier.

! **Doch Vorsicht: Nur Pilze ernten, von denen Sie 100%ig sicher sind, dass sie ungiftig sind!**

Beerenhunger? Drei einfache Rezepte!

 Juli / August

Im Sommer reifen die bei Kindern beliebten Früchtchen: Himbeeren, Walderdbeeren, Heidelbeeren. Nach dem Naschen im Wald taucht oft die Frage auf: Nehmen wir Beeren mit nach Hause? Wir haben drei Rezepte notiert, bei denen die gesammelten Früchte – auch leicht zerquetschte – verwendet werden. Außerdem sind sie einfach und schnell zuzubereiten. Genau das Richtige nach einem Ausflug!

> ☝ Wenn es ganz besonders schnell gehen muss und keine Zeit zum Kochen bleibt: die schönsten Früchte in Eiswürfelformen geben, mit Wasser aufgießen und tieffrieren. In Getränken sind sie immer ein Hit!

Walderdbeeren: naschen und sammeln.

Mini-Cupcakes mit Walderdbeeren

Zutaten für vier Personen

300 g Mehl
2 TL Backpulver
150 g Zucker
1 Päckchen Vanillezucker oder Mark einer echten Vanille
1 Ei
50 g Butter, geschmolzen
80 g frische Walderdbeeren für den Teig
50 g frische Walderdbeeren für die Sauce
75 g weiße Schokolade, gehackt
200 g weiße Kuvertüre
100 g Puderzucker
Zitronensaft

Und so wird's gemacht

- Backrohr auf 200°C vorheizen. In der Zwischenzeit Mehl, Backpulver und Zucker in einer Schüssel mischen. In einer anderen Schüssel das Ei mit der Milch, dem Vanille-Aroma und der geschmolzenen Butter gut verrühren und zur Mehl-Zuckermischung zugeben.
- In diese Masse werden die frischen, gewaschenen Walderdbeeren und die gehackte Schokolade zugegeben. In Papierförmchen oder Silikonförmchen (Mini-Format mit ca. 3,5 cm Bodendurchmesser) füllen und etwa eine Viertelstunde backen.
- Noch heiß mit der flüssigen Kuvertüre bestreichen und auskühlen lassen. Aus den restlichen Walderdbeeren einen Brei machen und mit etwas Zitronensaft und

Puderzucker vermischen, bis ein dickflüssiger Saft entsteht. Mit diesem werden die fertigen Cupcakes ganz nach Lust und Laune dekoriert. Wenn keine Schokolade oder Kuvertüre zu Hause ist, dann einfach weglassen und nur mit der Erdbeersauce dekorieren!

☞ Dasselbe Rezept lässt sich mit Heidelbeeren und brauner Schokolade und Kuvertüre einfach abwandeln.

Topfennockerl mit Himbeersauce
Zutaten für vier Personen
300 g Topfen
25 g Butter
2 Eier
60 g Semmelbrösel
10 g Kristallzucker
Prise Salz
300 g Himbeeren
1 EL Staubzucker
Zitronensaft

Der Sommer lockt mit reifen Himbeeren.

Und so wird's gemacht
- In einer Schüssel Topfen mit Butter und den Eiern gut verrühren. Zucker, eine Prise Salz und Semmelbrösel zugeben und 30 Minuten rasten lassen.
- In der Zwischenzeit die Himbeersauce zubereiten: Die gewaschenen Beeren mit dem Staubzucker und dem Zitronensaft vermischen, eventuell etwas Wasser dazugeben und das Ganze kurz aufkochen lassen und schließlich pürieren.
- Aus der Topfenmasse mit einem Löffel Nockerl ausstechen und in Salzwasser ca. 8 Minuten mehr ziehen als köcheln lassen.

☝ Statt Himbeersauce schmecken natürlich auch Heidelbeer- oder Erdbeersauce wunderbar!

Heidelbeeren

Rezept Heidelbeernocken
Zutaten für vier Personen
250 g Heidelbeeren
250 g Mehl
125 ml Milch
1 TL Salz
3 EL Butter
100 g Staubzucker

Und so wird's gemacht
- Die Heidelbeeren mit dem Mehl und der erhitzten Milch vermengen, bis die Beeren mit dem Teig zusammenhalten.
- Etwas salzen, mit dem Löffel kleine, flache Nocken formen und in heißer Butter in der Pfanne herausbacken. Danach anzuckern und heiß servieren.

☞ Aus dem Pinzgau stammt ein ähnliches Rezept, das gerade soviel Mehl verwendet, dass die Heidelbeeren zusammenhalten. Statt Milch kommt lediglich heißes Wasser dazu. Dafür wird aber zu den gezuckerten Nocken immer ein Glas Milch getrunken!

Spuren lesen und ausgießen

 nach einem Sommerregen/ganzjährig

Im Wald leben viele Tiere. Die meisten sind jedoch scheu, und nur sehr selten bekommt man sie zu sehen. Doch sie hinterlassen allerhand Spuren auf dem Waldboden – wer also die Spuren erkennt, sieht mehr als andere! Besonders leicht sind Fährten nach ein paar Regentagen im noch weichen Boden zu finden. Wir verraten, wie man sie mit nach Hause nehmen kann.

Das braucht man unterwegs
- ✓ Baugips (Pulver aus dem Baumarkt, kleinste Packung, billigste Qualität)
- ✓ Anrührbecher (schwarzer Gummibecher wie beim Elektro-Leitungen eingipsen ist ideal)
- ✓ evtl. Spachtel (zum Umrühren, ein Holz tut's aber auch)
- ✓ evtl. Kartonstreifen (ca. 10 x 50 cm)
- ✓ evtl. Büroklammern (zum Fixieren des Kartons)
- ✓ Wasser (max. 0,3 l pro Gipsabdruck)
- ✓ Spuren-Bestimmungsbuch (siehe Anhang)

Hat man eine schöne Spur gefunden, so entfernt man daraus alle Blätter, Zweige oder Steine. Ein kleiner Wall aus lehmiger Erde rundum ist schnell gemacht. Wer Karton dabei hat, kann auch einen Streifen rund biegen, mit der Büroklammer fixieren und um die Spur herum in die Erde stecken.

Dann wird der Gips angemischt: das weiße bis hellgraue Pulver in den Becher mit Wasser schütten, etwas sickern lassen und dann umrühren, bis ein flüssiger Brei entsteht. Der Gips wird unter ständigem Rühren schließlich fester.

Bevor er die Konsistenz von Zahnpasta erreicht, ist es allerhöchste Zeit, ihn in die Spur zu gießen, der Wall oder Karton rundum bildet die Grenze. Bald wird die Gipsmasse hart, wobei sie sich kräftig erwärmt. Nach dreißig Minuten kann man sie vorsichtig aus der Spur schälen und mit nach Hause nehmen, wo sie ganz von Erde gereinigt wird. Erst nach ein paar Tagen ist der Gips ganz trocken, dann kann der Abdruck mit Wasserfarben noch bunt bemalt werden.

Vogelspuren und Fährten von Reh, Eichhörnchen und Hund begegnet man im Wald häufig.

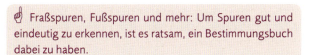

☝ Fraßspuren, Fußspuren und mehr: Um Spuren gut und eindeutig zu erkennen, ist es ratsam, ein Bestimmungsbuch dabei zu haben.

Spiele für den Sommer!

Anschleichen: Rehkitz und Luchs

Überall spielbar, aber nicht überall gleich leicht zu spielen! Ein Mitspieler ist das „Rehkitz". Dieser Spieler sitzt in der Mitte und bekommt die Augen mit einem Tuch verbunden. Rundum positionieren sich alle anderen als „Luchse" in einem Kreis mit einem Abstand von mindestens 10 Metern. Am besten koordiniert jemand, der selbst nicht mitspielt, wer sich gerade anschleichen darf: Er zeigt stumm auf einen Luchs aus dem Kreis, der sich dann möglichst geräuschlos zur Mitte aufmacht.

Hört das Rehkitz ein verdächtiges Geräusch, so zeigt es mit dem ausgestreckten Arm in diese Richtung. Wird so ein Anschleicher erwischt, muss er zurück und es wird ein weiterer stumm durch Zeigen ausgewählt.

Ist der Verdacht falsch, so darf der Luchs weitermachen. Schafft es jemand unerkannt in die Mitte und kann das Rehkitz berühren, so darf er gleich dort bleiben um als nächster zu lauschen. Welcher Untergrund ist der beste? Wo ist es fast unmöglich, leise zu sein? Was verändert sich, wenn der Wind durch die Baumkronen fährt?

Wo ist mein Baum?

Ein Spiel in Zweiergruppen: Ein Spieler kann sehen, der andere hat die Augen verbunden. Letzterer wird auf verschlungenen Pfaden zu einem Baum geführt, wo ihm nur die Hände und vielleicht auch noch die Nase zur Verfügung stehen, um den Baum zu erkunden.

Wie ist die Rinde, wo stehen Äste weg, wie dick ist der Stamm? Nachdem der Tastende nach einer Weile sicher ist, dass er den Baum wiedererkennen kann, wird er wieder zum Ausgangspunkt zurückgeführt. Wieder sehend besteht seine Aufgabe nun darin, den Baum wiederzufinden. Die Augen dürfen zwar mithelfen, wiedererkannt wird der Baum aber meistens mit den Händen.

Fehler suchen

In einem vorher gemeinsam ausgewählten, begrenzten Spielfeld verändert eine Gruppe eine oder mehrere Kleinigkeiten, während die anderen „einschauen". Ein Stein wird in eine Baumritze geklemmt, ein Schneckenhaus auf einen Ast gespießt oder ein Blatt eines anderen Baumes auf den Zweig des Nachbarstrauches gehängt.

Bei kleineren Kindern können auch auffällige Dinge, die nicht aus dem Wald stammen, eingebaut werden: Ein Rucksack hängt am Baum, eine Sonnenbrille steckt an einem Ast usw. Nun versucht die zweite Gruppe, alle Fehler zu finden. Hat sie das geschafft oder gibt die Gruppe zähneknirschend auf, wird gewechselt.

Blättercollagen:
Laubfrosch, Fetzenfisch und Co.

 Oktober / November

Der Herbst färbt das Laub in den leuchtendsten Farben. Die heruntergefallenen Blätter sind viel zu schön, um sie liegenzulassen. Die ovalen, roten Blätter des Spindelstrauches sehen doch zum Beispiel aus wie Augen, gelbe Hände gibt's bei der Rosskastanie. Der Blätterwald hält ein breites Angebot für die schönsten Bilder bereit!

Das braucht man zu Hause
- ✓ bunte, gepresste Herbstblätter
- ✓ Zeichenpapier bzw. bunter Karton
- ✓ Klebstoff
- ✓ Schere

> Leider bleiben die gesammelten Blätter nicht lange bunt und glatt. Es wäre schade, wenn Blättercollagen nach ein paar Tagen welken – aber das lässt sich durch Pressen der Blätter noch vor dem Kleben verhindern. Besonders gut geht das z.B. mit alten Telefonbüchern. Die Blätter werden einzeln zwischen die Seiten gesteckt, das zugeklappte Buch eventuell noch beschwert. Nach einer Woche sind die Blätter gepresst und trocken, Farbe und Form verändern sich nicht mehr.

Und so wird's gemacht

Fetzenfisch, Katzenfrosch und Eulenwastl, es gibt nichts, was es nicht gibt. Denn man muss sich überhaupt nicht an die naturgegebenen Formen halten. Mit einer Schere können kinderleicht Spiralen, Rechtecke, Handtaschen oder Autoreifen ausgeschnitten und auf bunten Karton geklebt werden. Die lustigsten Einfälle verdankt man meist dem Zufall. Gut mischen und viel experimentieren, so entstehen fantastische Wesen und Tiere!

Die fertigen Collagen können auch eingescannt und als Grußkarten verschickt werden.

Aus aufgelesenen und gepressten bunten Blättern entstand diese lustige Figur.

Steinzeitfutter: Nüsse aus dem Wald

📅 **September / Oktober**

Eicheln, Bucheckern, Haselnüsse: Der Wald nährt seine Bewohner. Im Herbst ist Sammelzeit für Samen von Eiche und Rotbuche, unseren häufigsten Waldbäumen. Die sogenannten Bucheckern, die dreieckigen Samen der Buche, sind klein, daher kann das Schälen ein bisschen zeitintensiv sein. Sie haben aber einen herrlichen, nussigen Geschmack! Ein paar Bucheckern kann man roh probieren, besser bekömmlich sind größere Mengen aber geröstet. Sie und andere Nüsse des Waldes dienten Menschen schon in der Steinzeit als willkommene Abwechslung auf dem Speiseplan.

Bucheckern haben dreieckige Früchte.

Geröstete Bucheckern zum Knabbern

Zuerst die dreieckigen Nüsschen aus der harten, struppigen Hülle befreien und dann mit einem Messer schälen. Das geht am besten, nachdem man die Bucheckern kurz mit kochendem Wasser überbrüht hat. Der nun zum Vorschein kommende weiche Kern ist mitsamt seiner braunen Haut essbar: in einer heißen Pfanne etwa 5 Minuten bei ständigem Rühren erhitzen. Als Knabberei, über den Salat oder auf die Suppe sind sie köstlich!

! Eicheln werden ebenfalls schon seit der Steinzeit gegessen. Sie haben eine praktische Größe zum Sammeln, aber auch einen entscheidenden Nachteil: ihre Bitterstoffe. Die geschälten Früchte werden zwei Tage in kaltem Wasser eingeweicht, wobei das Wasser jeden Tag mindestens einmal gewechselt werden sollte – so werden die Bitterstoffe ausgeschwemmt.
Durch anschließendes Trocknen, Würfeln und Mahlen erhält man Eichelmehl, die Grundsubstanz für allerlei gute Dinge wie Brot, Suppe, Kuchen, stets gemischt mit Weizen- oder Dinkelmehl. Kochen und Backen mit Eicheln ist eine spannende Sache, braucht aber Zeit und ein bisschen Erfahrung. Wer sich für Rezepte interessiert, findet Buchtipps auf S. 126ff.

Propeller, Segelflieger und andere Flugobjekte

 September / Oktober

Im Herbst flattert und segelt alles Mögliche durch die Luft. Die Bäume bereiten sich jetzt nicht nur auf den Winter vor und werfen ihre bunten Blätter ab, auch bei der Verbreitung von Samen und Früchten herrscht Hochkonjunktur. Dabei ist die Natur sehr erfinderisch und verspielt.

Die Früchte des Ahorns rotieren zum Beispiel um die eigene Achse und erhalten so Auftrieb, der schwere, relativ große Samen würde ansonsten wie ein Stein zu Boden fallen. Das Rotationsprinzip ist für den Ahornbaum also wirkungsvoller als einfach auf die Erhöhung des Luftwiderstandes zu setzen. Die Natur macht's vor: Nach dem Ahornsamen-Prinzip lassen sich tolle Flugobjekte basteln.

Bionik im Wald erforschen: Propellerprinzip bei Ahornsamen.

> **Natürliche Flugmodelle**
> → Fallschirmprinzip: Waldrebe, Pappeln
> → Propeller: Ahorn, Esche, Linde, Fichte
> → Gleiten: Birke, Ulme

Das braucht man unterwegs
- ✓ Schere
- ✓ Papier (zum Beispiel Buntpapier)
- ✓ evtl. Lineal und Stift
- ✓ evtl. Büroklammer oder Kirschkern und Klebestreifen (zur Beschwerung)

Und so wird's gemacht

Schneiden Sie einen ca. 4 cm breiten und 5 cm langen Papierstreifen der Länge nach bis zur Hälfte ein und falten daraus links und rechts die Flügel des Propellers. Jetzt wird auch der Stiel an den beiden Seiten bis zu einem Drittel der Breite eingeschnitten und zusammengefaltet. Um die Flugeigenschaften noch zu verbessern und den Schwerpunkt möglichst tief zu halten, kann eine Büroklammer am unteren Ende des Stiels befestigt werden.

Flugmeisterschaften!

Entwerfen, probieren und experimentieren: Mal etwas größer, dann doch wieder mit längeren Flügeln oder einfach zu einer anderen Papiersorte greifen? Die Aufgabenstellung ist einfach: Alle stellen sich vor, selbst ein Baum zu sein und ihre Samen möglichst weit fliegen zu lassen.

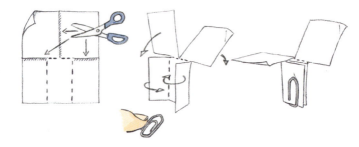

Flugobjekt basteln nach dem Vorbild des Ahornsamens.

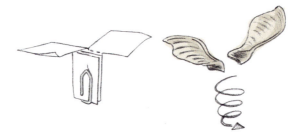

Ziel ist es, unter Zuhilfenahme natürlicher Vorbilder raffinierte Flugobjekte zu entwickeln. Jeder kann seine Modelle vorher testen und dann die besten ins Rennen schicken. Von einem hochgelegenen Punkt wie z.B. einer Treppe oder gar einer Aussichtswarte wird gestartet. Eine Jury bewertet neben der Weite auch die Schönheit des Fluges, ähnlich wie bei Skiflugmeisterschaften. Die besten Konstruktionen werden prämiert.

Experimente rund um die Herbstfärbung

📅 Oktober / November

Die prächtige Umfärbung so manchen Laubes beschert uns einen farbenfrohen bunten Herbst, doch was ist die Ursache für die zauberhafte Herbstfärbung? Möchte man dem Farbenspektakel in die Karten – nein, Blätter – schauen, braucht es eine Reibschale, Aceton, Filterstreifen und natürlich bunte Blätter.

Das braucht man zu Hause
- ✓ grüne und bunte Blätter
- ✓ Schere
- ✓ Reibschale mit Pistill oder Mörser mit Stößel
- ✓ evtl. Quarz- oder Spielsand
- ✓ Aceton oder Nagellackentferner
- ✓ kleine Einsiedegläser
- ✓ weiße Streifen von einem Filterpapier oder Löschpapier

Und so wird's gemacht

Bereits braune, herabgefallene Blätter sind genauso interessant für diesen Versuch wie bunte, die man noch von den Bäumen zupft. Drei bis vier Blätter des gleichen Baumes mit unterschiedlichen Stufen der Herbstfärbung und, zwecks Vergleich, auch ein grünes Blatt werden getrennt voneinander erst mit der Schere zerschnipselt und danach in einer Reibschale mit einem

Pistill oder einem ähnlichen Stößel zerkleinert. Gibt man scharfkantigen Quarzsand (es geht auch Spielsand) zu dem zerschnippelten Blatt, lassen sich die Blätter noch einfacher zerreiben. Als sogenanntes Laufmittel hat sich Aceton bewährt, das es in jedem Farbengeschäft oder als Nagellackentferner in der Drogerie gibt. Davon gibt man ein wenig zu den Blättern in die Reibschale.

> ☞ Vorsicht, Aceton ist ein Lösungsmittel und leicht entzündlich, die Dämpfe sollten nicht eingeatmet werden. Am besten macht man den Versuch daher im Freien oder am offenen Fenster.

Jedes zerquetschte Blatt wird also in eine Art Blattsuppe umgewandelt und kommt in ein kleines Einsiedeglas. Darin taucht man einen weißen, frei hängenden Filterstreifen je Glas, der etwa 1 cm in die Lösung reichen soll.

Das Aceton nimmt die darin gelösten Blattfarbstoffe durch die Sogwirkung des Filterpapiers mit nach oben. In nur wenigen Minuten zeigen sich verschiedene Farbzonen. Manche gut in Aceton löslichen Pigmente findet man ganz oben auf dem Filterstreifen, weniger gut lösliche bleiben weiter unten hängen.

Aus dem Blattbrei splitten sich die unterschiedlichen Chlorophyllgruppen wie das blaugrüne Chlorophyll a und das gelbgrüne Chlorophyll b auf. Ganz oben am Filterstreifen zeigt sich deutlich das hellgelbe Xanthophyll, weit unten in der Startzone verbleiben wasserlösliche Blattfarbstoffe wie die Anthocyane.

Wird der grüne Blattfarbstoff abgebaut (2., 3. und 4. Blatt von links), treten die anderen Blattpigmente in den Vordergrund.

! So wie weißes Licht aus verschiedenen Farben besteht und über ein Prisma in die einzelnen Spektralfarben zerlegt werden kann, so macht es ein Laufmittel samt Filterstreifen möglich, das Gemisch aus Blattfarbstoffen, das uns für gewöhnlich grün erscheint, in seine einzelnen Farbbestandteile zu trennen. Im Herbst wird bei vielen Pflanzen das grüne Chlorophyll abgebaut, sichtbar werden die verbliebenen Farbstoffe wie beispielsweise die gelben Xanthophylle bei Ahorn, Birke oder Linde.

Tinte und Schreibfeder – einfach selbst machen!

 September

Womit haben die Menschen eigentlich früher geschrieben? In alten Drogistenbüchern fallen viele verschiedene Rezepte zur Tintenherstellung ins Auge. Einige der Zutaten für einst häufig verwendete Tinten, wie z.B. Holunderbeeren, findet man draußen im Wald.

Das braucht man zu Hause
- ✓ Essig (gewöhnlicher Haushaltsessig)
- ✓ Eisen-II-sulfat („Eisenvitriol"): aus dem Drogeriefachmarkt
- ✓ Handschuhe
- ✓ Alaun (aus der Apotheke)
- ✓ Schreibfedern aus Metall oder große Vogelfedern

ACHTUNG: Kinder sollten beim Mischen nicht mit Eisenvitriol hantieren. Stellen Sie sicher, dass die Tinten nicht getrunken werden.

Und so wird's gemacht

Die reifen Holunderbeeren werden gepflückt und dann zu Hause zerstampft und gequetscht, bis der Saft herauskommt. Zum Beerensaft mengt man 5 Gewichtsprozent Essig. Nun müssen noch 5 Prozent Eisenvitriol in wenig heißem Wasser aufgelöst werden – Achtung, dabei unbedingt mit Handschuhen arbeiten! Dazu kommen noch 2 Prozent Alaun.

Alles zusammengemixt ergibt eine lila Tinte, die beim Trocknen schwarz wird. Sie lässt sich ein paar Wochen in verschraubten Gläsern aufheben. Nach dem lateinischen Namen des Holunders, Sambucus, wurde die Tinte früher auch Sambucintinte genannt.

Wenn schon die Tinte selbst gemacht ist, warum dann nicht auch gleich die Feder dazu? Große Federn mit dickem Federkiel sind gefragt, traditionellerweise von der Gans. Der hohle Kiel wird mit einer Schere oder mit einem scharfen Messer am Ende schräg angeschnitten, sodass eine Spitze wie bei einer Füllfeder entsteht.

Das Prinzip ist einfach: Nach dem Eintauchen hält sich eine Menge Tinte in den Hohlräumen und fließt beim Schreiben langsam über die Spitze aufs Papier.

Holunderbeeren, Essig, Alaun und das blaue Kupfervitriol: Zutaten für die Tinte.

Es erstaunt immer wieder, wie viele Wörter man schreiben kann, bis man wieder eintauchen muss. Mehr zu Schreibutensilien aus der Natur auch auf Seite 120.

> **!** Johann Sebastian Bach schätzte hingegen die Eichengallustinte. Sie wird aus den Galläpfeln der Eichengallwespe hergestellt. Das kleine Insekt sticht junge Eichenblätter an, legt ein Ei hinein und regt durch die Injektion bestimmter Stoffe das Blatt an dieser Stelle zu einer kugelförmigen „Galle" an. Das ist die perfekte Behausung für die junge Larve darin, die bald aus dem Ei schlüpft. Der hohe Gerbstoffgehalt von Gallen ergibt mit Eisensulfat und Metallsalzen vermischt eine Jahrhunderte lang haltbare, lichtechte schwarze Tinte.

Links Holundertinte, rechts Eisengallustinte aus Eichengallen.

Ein Rahmen für den Herbst: Gewebte Bilder

📅 **September / Oktober**

Bunte Blätter, rote, blaue oder schwarze Früchte, bizarre Fruchtstände wie große Dolden oder fedrige Wollschöpfe – wer kann sich da schon zurückhalten? Tasche, Sträuße und Rucksäcke voller Herbstschätze wandern mit nach Hause. Daheim stellt sich dann die Frage: Wohin damit? Ganz einfach: Machen wir den Wald doch gleich selbst zur Galerie!

Das braucht man unterwegs
- ✓ Spagat oder eine ähnliche Schnur aus kompostierbaren Naturmaterialien (Sisal, Hanf, Jute)
- ✓ Schere
- ✓ 3 oder 4 Stöcke für einen Webrahmen
- ✓ Naturmaterialien (unterwegs sammeln)

Und so wird's gemacht

Für die Bilder ist es sinnvoll, beim Sammeln auch gleich halbwegs gerade Stöcke zu suchen. Aus ihnen und den mitgebrachten Schnüren lässt sich leicht ein Rahmen basteln: zwei Äste übereinander legen und mit der Schnur so fest wie möglich verbinden, dann die nächste Ecke usw. Ein Tipp: Dreiecke gelingen leichter als Vierecke!

Nun fehlen nur noch die Fäden, um Gefundenes einzuweben. Die Fäden werden kreuz und quer gespannt, sodass am Ende ein mehr oder weniger dichtes Schnurgeflecht entsteht. Am besten einfach ausprobieren, welche Knoten gut halten, wie gewickelt und wie gespannt wird. Ist der Rahmen fertig, kann das Weben losgehen!

Galerie im Freien.

Stängel für Stängel und Blatt für Blatt wird nun zwischen die Fäden gesteckt, gewebt, geflochten. Kunterbunt durcheinander, wie man's gerade erwischt, oder nach Farben

Galerie zu Hause.

oder Struktur abgestimmt – ganz wie man will. In einer größeren Gruppe ist es lustig, wenn jeder sein eigenes Bild „malt". Dann sieht man, wie vielfältig der Herbst ist.

Draußen oder drinnen
Ein Webbild bietet eine tolle Gelegenheit, gleich draußen im Wald zu werken, Schnur und Schere haben auf jeden Fall im Rucksack Platz. Die Bilder werden am Ende einfach in die Bäume gehängt, an einen Zaun, in die Zweige eines Strauchs. Fotos halten die vergänglichen Kunstwerke fest. Bei schlechtem Wetter, wenn längere Rasten nicht möglich sind, wird das Bauen und Weben nach Hause vertagt. Wer sich die Bastelei der Rahmen sparen will, kann auch alte Bilderrahmen mit Schnüren kreuz und quer bespannen!

All das lässt sich gut einflechten
- → größere, längliche Blätter, etwa von Gräsern
- → trockene Samenstände
- → Weidenruten und andere dünne biegsamen Äste
- → Herbstblüten mit Stängeln
- → ganze Fruchttrauben von Vogelbeeren, Holunder und anderen Sträuchern
- → Zweige mit einzelnen Früchten, etwa Hagebutten
- → Zweige mit fedrigen Fruchtständen, etwa Waldrebe
- → Äste, knorrige Wurzeln
- → Vogelfedern

Schmuckwerkstatt Natur

 **September / Oktober**

Alles, was man im Wald findet, kann zu Ketten, Girlanden, Kränzen und Kronen veredelt werden. Am besten die Kastanienketten oder Hagebuttencolliers gleich draußen im Wald anprobieren und die Juwelen um den Hals nach Hause tragen.

Das braucht man unterwegs
- ✓ Handbohrer
- ✓ dicke Nähnadel
- ✓ reißfester Zwirn, Spagat, dünne Lederschnur

Ketten und Klunker: Der Wald ist eine wahre Schatzkiste.

Anregungen für Perlen aus dem Wald
- → Früchte und Beeren (Hagebutte, Vogelbeere ...)
- → Rindenstückchen (mit Handbohrer ein Loch durchbohren)
- → Blätter (mit Nadel auffädeln)
- → kurze Aststückchen vom Holunder (mit Handbohrer der Länge nach das weiche Mark durchbohren)
- → Schneckenhäuser (mit Nagel und Hammer ein Loch schlagen)
- → Federn (anknüpfen)
- → trockene Früchte wie Kastanien, Eicheln, Bucheckern, Haselnüsse ... (vorbohren)

Und so wird's gemacht

Sowohl unterwegs als auch zu Hause ist eine Schmuckwerkstatt schnell eingerichtet. Alle Materialien kommen in die Mitte, Schnur, Lederriemen oder reißfester Zwirn dazu, und es kann losgehen!

Aufgefädelt wird alles, was sich durchbohren lässt. Die mitgebrachten Schätze aus dem Wald können mit allen nur erdenklichen Materialien ergänzt werden: getrocknete Zitronen- und Orangenscheiben, Korkstoppelscheibchen, bunte Holzperlen oder flache Holzringe, Walnüsse, orange Lampionblumen, Mohnkapseln, Aschantinüsse – im Grunde alles, was zur Hand ist. Weiche rote Vogelbeeren lassen sich kinderleicht mit einer Nadel auffädeln, manche hartschalige „Perlen" wie Kastanien oder gar Eicheln und Haselnüsse müssen vorgebohrt werden.

Außerirdische Kastanienwesen

15 September / Oktober

Herbstzeit ist Kastanienzeit! Kastanien sind wie für Kinderhände gemacht und perfekt zum Basteln geeignet. Sie haben genau die richtige Größe, glänzen verführerisch und ein Sack voll ist im Handumdrehen gesammelt. Beim Ausflug in den Wald finden sich rasch auch andere Utensilien für fantastische Wesen!

Das braucht man unterwegs oder zuhause
- ✓ Handbohrer
- ✓ Schere
- ✓ Kleber
- ✓ Zahnstocher o.ä.

Und so wird's gemacht

Aus den runden Kastanien lassen sich mit dünnen Zahnstochern und eventuell einem Handbohrer nicht nur Figuren, sondern auch herrliche architektonische Spielereien entwickeln. Würfel aus acht Kugeln und zwölf Stäbchen, Pyramiden aus vier Kastanien und sechs Zahnstochern. Diese Gebilde wachsen weiter wie Kristalle, erinnern bald an Atommodelle, bald an futuristische Raumstationen. Wer baut den höchsten Turm?

Jedes Jahr neue Figuren: der Wald als Spielzeug-Manufaktur.

Aliens aus dem Wald: Seltsame Krabbeltiere gibt es im Herbst.

Die Kastanienkometen kommen!

Das braucht man unterwegs
- ✓ Kastanien
- ✓ Handbohrer
- ✓ Krepppapier
- ✓ Schere
- ✓ evtl. Klebstoff
- ✓ evtl. Schnur

Eine große Kastanie wird mit dem Handbohrer 1,5 cm tief angebohrt. Aus buntem Krepppapier entsteht der Schweif des Kometen. Dazu braucht es ein Stück von mindestens

50 cm Länge und 15 cm Breite, das der Länge nach in Streifen geschnitten wird, wobei oben ein Rand von etwa 2 bis 3 cm bestehen bleibt, der das ganze Stück Krepppapier zusammenhält. Dieses unzerschnittene Ende wird zusammengedreht und in das Kastanienloch gesteckt. Es sollte von allein halten, kann aber mit einem Stöckchen, Steinchen, etwas Lehm oder einem mitgebrachten Kleber fixiert werden.

Fertig ist der Komet. Weitwerfen, hochwerfen und wieder fangen, zuwerfen, im Kreis werfen ... mit den Kastanienkometen ist schnell ein Spielzeug zur Hand, das eine Pause besonders vergnüglich macht. Wenn der Komet auch noch eine Schnur auf der anderen Seite des Schweifes bekommt, dann lässt er sich damit besonders weit schleudern.

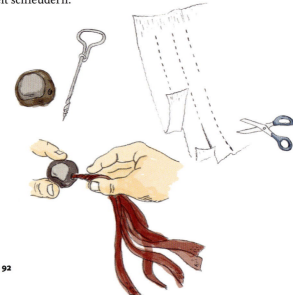

Spiele rund um den Herbst

Spuren hinterlassen

Ein Kind oder ein Erwachsener liegt auf dem Boden. Die anderen legen rund um seinen Körper Herbstlaub und andere Dinge, die sie im Wald finden wie zum Beispiel Eicheln oder Steine. Vielleicht wird daraus auch eine Art Mandala und der Liegende wird mit besonderen Mustern rundum verziert? Er erhebt sich schließlich und zurück bleibt sein Umriss am Boden. Wind und Wetter werden die Spur in ein paar Tagen vollständig verwischt haben.

Baumgesichter kleben

Bäume haben Gesichter. Ihre knorrige Rinde sieht so aus wie Runzeln und tiefe Falten, ein Spalt ist der zahnlose Mund, der abgebrochene Ast die krumme Nase. Da lässt sich aber auch noch ein wenig nachhelfen: Nüsse oder Zapfen werden zu Augen, braune Gräser zu Haaren, Steine zu Zähnen. Als Kleber eignet sich lehmige Erde aus dem Wald oder von zu Hause mitgebrachter Ton. Beim nächsten Ausflug sieht das Gesicht dann schon ein Stückchen älter aus, bis der Regen es schließlich ganz abgeschminkt hat.

Bäume wechseln

Eine Baumgruppe oder ein paar Bäume im Wald, die einen mehr oder weniger runden Platz in der Mitte freigeben: Das ist alles, was man für dieses alte Spiel braucht. Alle Mitspieler stellen sich zu einem Baum, nur ein Spieler bleibt in der Mitte und beginnt im Kreis herumzugehen. Hinter seinem Rücken wechseln alle anderen munter ihre Plätze. Kann der Spieler schnell einen „leeren" Baum erhaschen, gibt es somit einen neuen „Freiwilligen".

Winter

Futterzapfen basteln

November / Dezember

Stehen Bäume und Sträucher ohne Blätterkleid nackt da, so bietet sich die einmalige Chance, Tiere gut zu beobachten. Mit selbstgemachten Futterzapfen kann man Vögel gut anlocken und beobachten!

Unter großen Fichtenbäumen liegen immer Zapfen am Boden. Sie sollten nicht zu klein und bereits ein bisschen geöffnet, also reif sein. Damit die Fichtenzapfen geöffnet bleiben, lagert man sie bis zu ihrer Verwendung am besten trocken und bei Zimmertemperatur.

Am oberen Ende kann man bereits einer Schlaufe aus Spagat befestigen, sie dient zum Aufhängen in den Zweigen. Was wird gerne gepickt? Holunder, Vogelbeeren, Geißblatt, Sanddorn und Felsenbirne sind begehrt. Die Beeren können an einem warmen Platz ausgelegt und getrocknet werden. Mit dem Pflücken der Waldfrüchte muss nicht bis zum Winter gewartet werden, ernten kann man schon im Herbst.

Das braucht man zu Hause

- ✓ 2 trockene, reife, geöffnete Fichtenzapfen (gesammelt im Wald)
- ✓ 150 g getrocknete Beeren z.B. Holunder, Vogelbeeren, Geißblatt, Sanddorn, Felsenbirne (gesammelt im Wald)
- ✓ 250 g Kokosfett oder Rindertalg
- ✓ 200 g Körner wie z.B. Hirse, Sonnenblumenkerne, Mohn, Weizen, Dinkel
- ✓ evtl. gehackte Nüsse von Haselnuss, Walnuss
- ✓ evtl. Haferflocken
- ✓ alter Topf
- ✓ Spagat für die Aufhängung

Futterzapfen mit Beeren und Körnern.

Und so wird's gemacht

Bei schwacher Hitze wird das Kokosfett oder der Rindertalg geschmolzen. Danach stellt man das Fett kurz beiseite und lässt es etwas auskühlen. Nun werden die Körner, die gehackten Nüsse und alle Beeren untergerührt. Es dauert eine Weile, bis die Masse von durchsichtig-farblos auf weißlich-trüb wechselt.

Ist eine cremige Konsistenz erreicht, heißt es schnell handeln: Am besten trägt man den Brei direkt auf die Fichtenzapfen auf und drückt die Masse mit den Fingern in die Zwischenräume. Zum Erkalten kann der Zapfen aufgehängt werden.

> **!** Nicht alle Wildvögel fressen die gleiche Nahrung. Weichfutterfresser wie Rotkehlchen, Spechte, Amseln, Drosseln oder Zaunkönige stehen Körnerfressern wie Finken und Meisen gegenüber. Letztere können mit ihren kräftigen Schnäbeln die harten Schalen etwa von Sonnenblumenkernen einfach aufhacken oder knacken, aber auch Hirse, Mohn und andere feine Samen sind geeignet. Weichfutterfresser picken neben Beeren auch gerne Haferflocken, Weizen, Dinkel oder geschälte Nüsse. Im Futterzapfen für alle empfiehlt sich also eine ausgewogene Mischung zwischen weich und hart.

Natürliche Kerzenformen aus Silikonkautschuk

 ganzjährig

In der Natur hängen die besten Prototypen für Kerzenformen auf den Bäumen! Man braucht sie nur zu vervielfältigen. Mit edlem Bienenwachs ausgegossen holt man sich damit auf zauberhafte Weise ein Stück Wald ins Haus. Hervorragend eignen sich ovale, in sich geschlossene Früchte mit einer harten Schale wie z.B. größere Zapfen von Nadelbäumen. Entweder man nimmt unreife Exemplare oder man feuchtet sie an, dann schließen sie sich von alleine wieder.

Das braucht man zu Hause
✓ Formvorlage z.B. Kiefernzapfen
✓ dazu passendes Gefäß (Blechdose, Plastikgefäß oder feste runde Kartonverpackung)
✓ Silikon M4514, Härter T51
✓ Rührgefäß zum Anmischen der Silikonkautschukmasse
✓ Cutter
✓ Holzstab und Schraube für Aufhängung
✓ Docht
✓ Bienenwachs
✓ Wasserbad und alter Topf zum Wachsschmelzen

Vorbereitungen vor dem Formabdruck

Zunächst braucht der Zapfen eine Aufhängevorrichtung. Sie lässt sich einfach durch einen Querstab und eine längere Schraube herstellen, daran wird der Zapfen senkrecht und mittig in das Gießgefäß gehängt. Dieses sollte passend zur Zapfengröße gewählt werden: Ideal ist ein Abstand zu Boden und seitlichem Rand von 1,5 bis 2 cm. Mehr wäre Verschwendung der wertvollen Silikonkautschukmasse, wählt man kleinere Abstände, können die dünnen Wände beim späteren Herausnehmen der Kerze reißen. Da das Gefäß nach dem Aushärten des Silikons zerstört werden muss, sollte auf biegsame oder weiche Materialien zurückgegriffen werden, die man einfach aufschneiden kann.

Und so wird's gemacht

Silikonkautschuk gibt es in verschiedenen Viskositäten zu kaufen, es besteht immer aus der Masse selbst und einem Härter. Nach unseren Erfahrungen hat sich die weichere Silikonkautschukmasse M4514 wegen ihrer höheren Elastizität bewährt – die Kerzen lassen sich besser aus der Form herausholen.

Zum Abschätzen der Mengen stellen Sie den Zapfen am besten in das gewählte Gießgefäß und füllen es mit Wasser auf. In einen Messbecher ausgegossen wissen Sie dann genau die Nettomenge. Geben Sie etwa 5 Prozent mehr dazu: Die Masse haftet an den Rändern und lässt sich nicht gänzlich aus dem Rührgefäß gießen.

Zu der Silikonkautschukmasse kommt je nach Type gewichtsanteilig der Härter hinzu. Im Falle von M4514 sind es 5 Prozent Härter T51. Die zähflüssige Masse muss gut durchgerührt werden, damit beide Komponenten miteinander in Kontakt kommen, dann erst eingießen. Bei normaler Raumtemperatur härtet das Silikon in 8 bis 10 Stunden aus.

Danach wird das Gießgefäß mit einer Blechschere (bei Blechdosen) oder einer normalen Bastelschere (bei Papier- oder Plastikbechern) entfernt. Mit einem scharfen Cutter schneidet man dann die freigelegte Kautschukform auf einer Seite senkrecht und unten am Boden bis zum Mittelpunkt auf. Keine Panik: Auch wenn sich der Zapfen anfangs nur schwer trennen lässt, mit etwas Nachdruck löst er sich vom Silikon. Fertig ist die Gießform, die eigene Kerzenproduktion kann beginnen!

Silikonkautschukmasse wird eingegossen.

Nach einem Tag kann die Gussform entfernt werden.

Docht einlegen

Passend zur Kerzengröße wird ein Docht in der richtigen Stärke eingelegt und mittels Dochthalter befestigt. Den Dochthalter kann man sich aus zwei dünnen Holzstäbchen und Gummiringen einfach selbst basteln. Zusammengehalten wird die Form mit mehreren Bandgummis, die dafür sorgen, dass sich der Spalt exakt schließt und kein Wachs ausfließt. Dieses sollte nicht zu heiß eingegossen werden.

Nach dem Erkalten kann die erste eigene Kerze aus der Gießform gelöst werden: ein Zapfen aus Bienenwachs! Die Formen aus Silikonkautschuk sind sehr beständig und lassen sich wunderbar mit Wasser säubern. Manche unserer Formen haben wir schon über 100-mal benützt, ohne sichtbare Verschleißerscheinungen.

Bienenwachs, Gummiringe, Docht und Dochthalter: Die eigene Kerzenproduktion kann beginnen.

Rindenmasken:
Die Geister alter Bäume

📅 ganzjährig

Ein knorriges Gesicht, struppige Augenbrauen und eine wilde Mähne: Waldgeister haben es nicht nur im Fasching lustig. Mit Fantasie, Geschick und ein paar leicht zu bekommenden Utensilien entsteht aus einem toten Stück Rinde etwas Lebendiges.

Das braucht man zu Hause

- ✓ halbrundes, großes Rindenstück
- ✓ Bast, Flechten, Moos aus dem Wald zum Ausschmücken der Maske
- ✓ Bohrer
- ✓ Laubsäge
- ✓ Klebstoff, evtl. auch Heißklebepistole
- ✓ Gummiband (Einzugsgummi)
- ✓ evtl. Reißnägel

Und so wird's gemacht

Die Rinde für eine Maske sollte groß, halbrund und unbeschädigt sein. Fündig wird man bei alten umgefallenen Bäumen. Hier lässt sich nach Jahren die Borke vom Stamm lösen. Geeignete Baumarten sind Rotbuche, Vogelkirsche, Schwarzkiefer oder andere Gehölze, deren Rinde in großen Stücken abgeht. Lebende Bäume sind natürlich tabu.

Sägen, schneiden und bohren

Zunächst muss das Rindenstück in Form gebracht werden. Dafür reicht eine feinere Handsäge, am besten eine Dekupier- oder Laubsäge. Mit einem Filzstift werden die Umrisse der gewünschten Form angezeichnet – oval, eckig oder halbrund, ganz egal, Hauptsache sie überdeckt das Gesicht. Ist die Maske fertig ausgeschnitten, hält man sie zur Probe vors Gesicht und markiert die Öffnungen für Augen und Mund. Mit einem Akkubohrer werden zunächst Löcher für die Augen und den Mund gebohrt. Sie feiner auszuschneiden geht am besten mit einer Laubsäge.

Basthaare: Mit Gewebeklebeband und Reißnägeln ganz einfach befestigt.

Kleben, picken, stechen

Sieht der Waldgeist bis jetzt noch sehr nüchtern aus, erhält er durch Flechten, Äste und vieles andere seinen knorrigen Charakter. Moose oder Flechten bieten sich als natürlicher Bartwuchs oder für wuchernde Augenbrauen an. Als Zähne lassen sich kurze Aststückchen verwenden. Auch gepresste, trockene Blätter sind ganz oder halbiert für Nase, Mund oder Ohren zu gebrauchen. Getrocknete Waldgräser bilden einen hübsch zerzausten Wuschelkopf, gefärbter Bast aus dem Bastelgeschäft bringt Farbe in das braune Gesicht.

Sind die Haare aus Bast, Gras oder anderem feinen biegsamen Material, so klebt man sie am besten mit einem Ende auf einen festeren Stoff oder Papierstreifen. Dieser lässt sich gut mit Reißnägeln direkt auf der Rinde befestigen. Der Bart kann nach der gleichen Methode fixiert werden. Am Rand des ausgeschnittenen Mundes können mit einem Handbohrer oder einem Akkubohrer zu den kurzen, abgeschnittenen Zweigstücken passende Löcher für die schiefen Zahnreihen gebohrt werden. Zum Schluss fehlt noch das Gummiband. Es wird einfach an beiden Seiten der Maske durch ein gebohrtes Loch gefädelt und verknotet.

Passt gut zu einem Waldgeist: Mütze und Bart aus Moos.

Winterlicht aus Birkenrinde

15 Ganzjährig, im Winter aber besonders schön

Der Winter ist auch Lichterzeit. Der sanfte Schein der Kerzen in der Dämmerung verbreitet gute Stimmung. Es braucht nicht viel mehr als ein Stück Birkenrinde und ein Glas um eine stilvolle Laterne zu basteln.

Das braucht man zu Hause
✓ Birkenrinde in Streifen von 30 cm x 10 cm (gesammelt im Wald oder aus dem Deko- oder Bastelgeschäft)
✓ passendes kleines Gurkenglas
✓ Kübel mit Wasser zum Einweichen der Rinde
✓ Klammermaschine
✓ Handbohrer
✓ Cutter
✓ Schneidunterlage
✓ Stift zum Anzeichnen
✓ Teelicht oder Kerze
✓ Heißklebepistole
✓ stärkerer Draht für Laternengriff

Und so wird's gemacht
Die weiße Rinde der Birke ist genau das richtige Material für eine Laterne im Schnee. Lebende Bäume sind tabu, also braucht man die Rinde eines frisch gefällten Baumes. Doch zum Glück gibt es Bastelbedarfsgeschäfte, die Bögen von Birkenrinde im Format A4 führen. Im trocke-

Weiche Birkenrinde lässt sich gut schneiden.

nen Zustand ist die Rinde hart und unelastisch. Mit Wasser übergossen wird sie wieder weich und biegsam. Die eingeweichte Rinde lässt man einfach über Nacht stehen.

Schneiden, schnitzen, rollen

Am nächsten Tag können Motive wie Sterne, Kreise, Dreiecke oder ein Halbmond mit einem Stift angezeichnet und danach mit dem Cutter herausgeschnitten werden. Eine feste Schneidunterlage ist dafür praktisch. Bevor man die Rinde einrollt und an beiden Enden mit einer Klammermaschine fest verbindet, sollte man sie vorher einmal um das bereitgestellte Glas wickeln. Somit wird ersichtlich, wie viel Überlappung notwendig ist.

Die Rinde sollte etwa 3 cm über den oberen Glasrand reichen. Hier lassen sich mit einem Handbohrer zwei

Löcher bohren, ein dickerer, steiferer Draht wird als Henkel durch das Loch gefädelt und durch Zusammendrehen der Enden fixiert. Am Schluss wird das Glas mit einer Heißklebepistole an die Rinde geklebt. Jetzt fehlt nur noch ein Teelicht, und fertig ist die Laterne!

Laternen aus Birkenrinde.

Schwarze Löcher und helle Galaxien

 Winter

Kurze Tage und die frühe Dunkelheit fordern geradezu heraus, mit Licht zu experimentieren. Schnee ist das ideale Medium dafür, Kerzen leuchten von innen toll und sorgen für ein angenehm milchiges, weiches Licht.

Das braucht man unterwegs
- ✓ viele Teelichter oder andere kleine Kerzen (bitte auch wieder mitnehmen!)
- ✓ extralange Zündhölzer, evtl. auch Feuerzeug

Und so wird's gemacht
Ein Baumstumpf oder ein niedriger Busch mit einer dicken Schneehaube darüber sind ideal, um Schneelaternen zu bauen. Aber auch eine tief verschneite Böschung ist gut geeignet. Ob Sie in die Schneehaufen drei Löcher oder hunderte bohren, bleibt Ihnen überlassen. Die Löcher sollten tief genug sein, damit man nur den Lichtschein, nicht aber die Kerzen selbst sieht. Sie alle anzuzünden, ist eine kleine Herausforderung, denn die Laternen wirken umso besser, je unversehrter die Schneedecke im Umkreis bleibt.

 Schon beim Einlegen der Teelichter die Dochte aufstellen und extralange Streichhölzer nehmen!

Variante bei wenig Schnee

Nicht minder spektakulär sind in den Schnee einer Waldlichtung getretene Spuren, die ebenfalls mit Teelichtern ausgelegt werden. Kreise, wild kreuzende Linien, geordnete Labyrinthe oder Spiralen: Wichtig ist dabei, dass nicht mehr als etwa 10 bis 15 cm Schnee liegt, und dass die ausgetretene Spur nicht viel breiter wird als ein Schuh. Ein Balanceakt, wenn man am Ende die Teelichter auslegt und eins nach dem anderen anzündet. Die Mühe lohnt sich garantiert, am Ende lässt sich eine richtige Teelichtergalaxie bestaunen.

Forschen mit angehaltenem Atem

📅 ganzjährig / im Winter besonders leicht zu finden

Unter Bäumen im Wald, die von Eulen als Schlafplatz benutzt werden, kann man viele seltsame, graue Gebilde finden. Unscheinbar auf den ersten Blick, aber ziemlich spannend, wenn man genauer hinschaut. Eulen können wie auch andere Greifvögel nicht alle Teile ihrer Beute verdauen, die sie ja mit Haut und Haar verschlingen. Vor allem Knochen und Zähne, aber auch das Fell und bei Insekten die harten Panzer spuckt die Eule am nächsten Tag nach einer erfolgreichen Jagdnacht wieder aus – von ihrem Schlafbaum eben. Diese kleinen Bällchen nennt man Gewölle.

Das braucht man unterwegs
- einen verschließbaren Behälter, Dose etc. (zum Mitnehmen der Gewölle)

Das braucht man zu Hause
- getrocknete Gewölle
- Dose/Tasse/Schüssel mit höherem Rand
- Zahnstocher, Pinzette oder Nadel zum Entwirren und Zerlegen
- schwarzer Karton (am besten matt)
- Klebstoff (transparent aushärtend)
- evtl. Handschuhe zum Arbeiten
- evtl. Lupe

Und so wird's gemacht

Die gefundenen Gewölle kann man im getrockneten Zustand zu Hause mit Pinzette und Zahnstocher auseinandernehmen und wie ein Archäologe nach Knochen durchsuchen. Die feine graue Wolle ist bei jedem Niesen oder Husten gleich verweht, am besten arbeitet man daher in einer Schüssel oder einer Dose mit höherem Rand. Es ist erstaunlich, wie fein ein Mäuserippchen ist oder was für winzig kleine Zähnchen ein Mäuseschädel hat: Nagetiere aller Art sind die Hauptnahrung der Nachtjägerin. Zoologen bestimmen vor allem an Kiefer- und Zahnform die genaue Art. Was sich auch für Laien leicht herausfinden lässt, ist die Anzahl der Mäuse, die in der vorangegangenen Nacht verspeist wurden: Die Schädelknochen sind eindeutig zu erkennen.

Gewölle von der Waldohreule.

Mit spitzen Fingern und feinem Werkzeug können die Knochen vom grauen Mäusehaar fein säuberlich getrennt werden. Wer Lust hat, kann aus diesem Fundus an winzigen Wirbeln, Rippchen und Knöchelchen das kleine Nagetier wieder neu zusammenbauen – oder auch ein Fantasietier aus allem, was man im Gewölle so vorfindet. Die Knochen werden einfach in einen Tupfer Kleber gesetzt. Als Hintergrund hat sich ein schwarzer, matter Karton in Postkartengröße bewährt.

Eispaläste und Eiskekse

📅 den ganzen Winter über

Der Winter hält neues Material zum Basteln und Experimentieren bereit: Eis! Eiszapfen an Zweigen, Eisplatten über einer Pfütze am Weg ... Die wundersamsten Formen und Muster sieht man nun im Wald. Wenn die Temperatur unter Null Grad liegt, dann sorgt die Natur auch gleich für den bestmöglichen Kleber, um aus den Eis-Fertigteilen eine Burg oder eine Skulptur zu bauen.

Und so wird's gemacht
Flächen, die miteinander verbunden werden sollen, werden kurz angeschmolzen: mit einem warmen Hauch oder mit einem Schluck warmem mitgebrachtem Wasser. An der knackig-frostigen Luft verbinden sich die beiden

Ein wunderbarer Baustoff: Eis.

angetauten Flächen schnell wieder. Es dauert nur einige Augenblicke, bis zum Beispiel zwei Eiszapfen zu einer einzigen langen Säule zusammenwachsen.

An manchen Tagen findet man die eigenwilligsten Eisgebilde. Ihre fantastischen Formen regen dazu an, noch fantastischere Tiere, Eispaläste oder bizarre Skulpturen zu bauen. Zu Hause im Garten kann man mit eingefrorenen Eiswürfeln zusätzliches Baumaterial in Mengen herbeischaffen.

Eiskekse backen

Ist der Winter nicht streng genug, so wird das Frieren nach drinnen verlegt: in den Tiefkühler.

Das braucht man zu Hause
- ✓ Formen zum Wachsgießen (aus dem Bastelhandel)
- ✓ Keksausstecher
- ✓ Plastilin als Unterlage (damit kein Wasser aus den Keksformen läuft)
- ✓ Christbaumhaken oder Garn (für die Aufhängung)
- ✓ Beeren, Samen, Nüsse, Zapfen (gesammelt im Wald)

Beeren, Samen, Nüsse, Zapfen, dem Frost trotzende letzte Blüten. Die Mitbringsel vom letzten Ausflug aus dem Wald werden zu Eiskugeln, Eislaternen oder Eiskeksen verarbeitet. Gießformen für Wachskerzen eignen sich wunderbar. Eiskekse werden traditionellerweise in Keksausstechern gebacken, die in eine Plastilinplatte gedrückt werden. Mit einem mit eingefrorenen Häkchen kann man sie im Garten oder auf dem Balkon aufhängen.

Kalte Küche: Eiskekse.

Birkenrinde und Marderhaar: Malutensilien aus dem Wald

Das braucht man unterwegs
- ✓ Birkenrinde (gesammelt im Wald oder aus dem Deko- oder Bastelgeschäft)
- ✓ Schere (zum Ausschneiden der Schreibfeder)
- ✓ Tintenfass
- ✓ Draht oder Schnur

Auf Birken schreiben
Birkenrinde ist ein universeller Stoff, man kann sowohl auf ihr schreiben als auch mit ihr. Eine Lage der weißen Rinde liefert einen perfekten Ersatz für Papier. Manchmal sieht man im Wald Birkenstämme liegen, bei denen das Holz schon ganz zerfallen ist, die Rinde aber wie ein Ring noch intakt ist. Von frisch gefällten Birken kann man auch versuchen, große Flächen abzutrennen, lebende Bäume aber unbedingt verschonen!

Mit Birken schreiben
Birkenrinde gibt aber auch eine wunderbare Schreibfeder ab. Dazu schneidet man ein kleines Stück in Federform, mit einer Spitze ganz ähnlich wie bei den altmodischen Metallfedern aus Großmutters Zeiten. Das andere, breite Ende klemmt man in ein am Ende gespaltenes Holz und umwickelt es mit Draht oder Schnur. Die poröse Struktur der Rinde saugt Tinte beim Eintauchen auf und gibt sie gleichmäßig ab. Verblüffend, wie gut man damit schreiben kann!

Eine prima Schreibfeder: Birkenrinde.

! Tierhaare ergeben die besten Pinsel. Maler wissen das schon längst. Wenn man also an Haare von Fuchs, Dachs, Marder oder Wildschwein, aber auch von Schaf oder Pferd herankommt, dann sollte man nicht zögern. Förster oder Jäger können behilflich sein, manchmal findet man auch an Zäunen ein paar hängengebliebene Haare von Weidevieh oder gar die Reste eines Tieres im Wald. Ein paar Schwanzhaare geben schon einen prima Pinsel, was noch fehlt ist der Griffel. Ein frischer Zweig wird an einem Ende ein wenig in der Mitte gespalten. Hier werden die dicht gebündelten Haare eingeklemmt und mit Kleber befestigt. Der Zweig muss nun mit feiner Schnur oder Draht fest umwickelt werden, damit die Pinselhaare fest sitzen.

So wird's warm: Winterspiele

Schneeballzielwerfen

Bäume im Wald, dicke und dünne, nahe und weiter entfernte, sind ideal zum Zielwerfen! Wer trifft den da hinten? Wer schießt genau ins Astloch da vorne? Wer kann über den Ast ganz oben drüberwerfen? Wer schafft es am weitesten im Wald, ohne einen Baumstamm zu erwischen? Nach dem ersten Aufwärmen geht's los: Eine Start- und Ziellinie wird festgelegt. Ein Baum wird als Ziel bestimmt. Wer trifft, darf drei Schritte vor, und ein neuer Baum wird ausgesucht. Wer als erster über die Ziellinie kommt, ist Sieger.

Spuren finden und erfinden

Der Winter ist eine gute Zeit fürs Spurenlesen! Die Wege von Reh, Wildschwein oder Hase kann man jetzt leicht sehen. Es ist spannend, einer Fährte eine Zeit lang quer durch den Wald zu folgen. Wo ist das Tier abgezweigt, wo um einen Baum herumgegangen, wo hat es etwas im Schnee gesucht?

Daraus lässt sich auch ein Spiel entwickeln: Während einer Pause macht sich jemand alleine und heimlich auf den Weg durch den verschneiten Wald. Seinen Spuren folgen dann die anderen nach einer Weile nach. Wohin werden sie gelockt?

Ein weiteres Spiel: Jemand hinterlässt eine bestimmte Spur im Schnee, zum Beispiel auf einem Bein hüpfend, ohne dass die anderen dabei zusehen. Sie sollen nun versuchen die gleiche Spur im Schnee zu hinterlassen, mit allen Abständen, Formen und Besonderheiten. Wer schafft es eine Spur zu ziehen, deren Entstehung sich keiner erklären kann?

Familienaufstellung

Jung, alt, dick, dünn ... Bäume sehen ganz verschieden aus. Im Winter fallen ihre Rinden, ihr Wuchs und andere Details besser auf als im Sommer, wenn der Wald dicht und grün ist. Welcher Baum könnte die Oma sein, welcher erinnert mehr an Mama? Wo ist der kleine Bruder, wie sieht der Papa aus und wo bin eigentlich ich? Es macht Spaß, sich aus einzelnen Bäumen im Wald seine Familie zusammenzustellen: entweder nach geschätztem Baumalter oder nach einer bestimmten Eigenart, die an ein Familienmitglied erinnert. Mit Schals um den Stamm werden die Verwandten dann gekennzeichnet und vorgestellt.

Weiterführende Empfehlungen

Buchtipps

Thinschmidt, Alice & Böswirth, Daniel:
Kreativ-Werkstatt Natur.
Österreichischer Agrarverlag, Wien 2009.

Dahlström Preben, Bang, Preben:
Tierspuren.
BLV Bestimmungsbuch, München 2009.

Hecker, Franz:
Welche Tierspur ist das?
Franckh Kosmos Verlag, Stuttgart 2010.

Strauß, Dr. Martin:
Köstliches von Waldbäumen:
bestimmen, sammeln, zubereiten.
Hädecke Verlag, Weil der Stadt 2010.

Hilfreiches zur Bestimmung von Natur und Tier

www.naturfoto-hecker.com
Apps zur Bestimmung von wilden Beeren, Kräutern und Tierspuren

web.uni-frankfurt.de/fb15/didaktik/Baum/baumsite.html
Ein kinderleichter Bestimmungsschlüssel für Laubbäume. Einfach einen Zweig mit Blättern mit nach Hause nehmen oder fotografieren und dann online bestimmen – oder mit dem Handy auch unterwegs!

Nützliche Adressen für Bastelbedarf

Bastelbedarf-Versandhandel (Birkenrinde u.v.m.)
www.winklerschulbedarf.com

Pulsarmotor
www.wissenswertes.biz
www.phantasia-versand.com
www.knatterboot.de

Solarpapier
www.astromedia.de

Silikon
www.farbenwolf.at

Die Autoren

Alice Thinschmidt und Daniel Böswirth sind dem Thema Garten und Natur nicht nur als Autoren, sondern auch als Fotografen eng verbunden. Im Lauf der Jahre haben sie ein umfangreiches Fotoarchiv aufgebaut. Beide absolvierten die Höhere Lehr- und Versuchsanstalt für Gartenbau in Wien und sind als Fachautoren in Österreich, Deutschland und der Schweiz tätig. In ihrer kreativen Foto- und Textwerkstatt (www.gartenfoto.at) sind bereits viele erfolgreiche Bücher entstanden. Alice Thinschmidt ist seit vielen Jahren als Ökopädagogin auch beruflich damit beschäftigt, gemeinsam mit Kindern die Natur zu entdecken und immer wieder Neues auszuprobieren. Aus den gesammelten Erfahrungen haben die beiden Autoren auch viele jener Highlights ausgewählt, die bei ihren eigenen beiden Kindern gut ankamen.